남만주 최후의 독립군 사령관
양세봉

남만주 최후의
독립군 사령관

양세봉

| 장세윤 지음 |

나름대로 30여 년 동안 머릿속에서부터 현장 답사까지 만주 벌판과 백두산, 북간도(중국 연변)·서간도(남만주 압록강 중류) 일대를 누비면서 독립운동사를 연구하고 강의해왔다. 1990년대 이래 관심을 가진 핵심주제는 조선혁명당·조선혁명군·국민부였다. 아직까지 한국인들에게는 이 단체들의 이름이 생소할 것으로 생각된다.

하지만 1930년대 만주(중국 동북 지방)에서 이주 한인들의 자치조직을 유지하면서 중국인들과 힘을 합쳐 일본 침략세력과 완강하게 싸우면서도 거의 10여 년간 독자적 조직을 유지한 단체는 삼위일체를 이룬 이 세 조직밖에 없었다. 그러나 유감스럽게도 대한민국에서, 일반 국민들은 물론 심지어 학계·교육계 등에서조차 이 조직과 조직의 활동에 참여하여 큰 희생을 치른 사람들에 대해 기억하고 이해하며 그 공적을 기념하는 사람들은 별로 없다.

특히 조선혁명군은 조선총독부 당국에서 "20여 년의 오랜 기간 동안 조선 독립을 꿈꾸며 용맹무쌍하게 활동한 조선 치안의 암"이라고 평가할 정도로 끝까지 항일무장투쟁의 끈을 놓지 않았던, 정말 자랑스러운

만주 독립군이었다.

양세봉은 이렇게 자랑스러우면서도 한편의 비극적인 드라마의 주인 공처럼 안타까웠던 최후의 만주 독립군을 이끌었던 영웅적 인물이었다. 그는 목숨을 내놓고 싸운 독립군을 이끌고 직접 일제 침략세력과 독립 전쟁을 벌였을 뿐만 아니라, 현지 한인들의 절대적 신망과 존경을 받았 으며, 결국 장렬히 산화하고 말았다. 그는 소작농 출신 장군, 나아가 '군 신'이라고 불릴 정도로 현지 동포들에게 절대적 신뢰와 존경의 대상이 었다.

고조선·부여·고구려·발해의 무대였던 만주, 그리고 여기 드넓은 광 야를 말타고 달리는 선구자, 그 강렬한 독립군의 기개와 장렬한 전투, 너무나 안타까운 희생, 웅대한 고구려의 산성과 고구려의 서울이었던 환인과 집안현, 그리고 광개토대왕릉과 그 기념비, 바로 이곳을 활동무 대로 치열한 한판 결전을 벌였던 조선혁명군, 결국 고구려 산성인 흑구 산성 아래 묻힌 독립군 사령관 양세봉…. 너무나 할 말도 많고 해야 할 이야기가 많지만 이 작은 책에서 미처 다 할 수 없다.

양세봉이란 이름을 확실히 새기게 된 결정적 계기는 1990년에 「조선혁명군 연구」라는 논문을 쓰면서부터이다. 한중수교 이전인 1991년 11월 하순 남만주의 신빈·통화 일대를 처음으로 혼자서 답사하였다. 그때 현지 동포들로부터 양세봉 장군의 명성이 생각보다 훨씬 더 높다는 사실을 체감했다.

이후 그의 생애와 독립운동을 정리할 기회가 몇 차례 있었다. 때로는 강연과 저술, 현지 답사 등을 통해 그의 생애를 생각하고 이야기하면서 많은 시간을 보냈다.

이제 26년 만에 졸저를 내놓는다. 여러 가지 업무와 연구, 강의 등으로 당초 생각한 만큼 충분한 내용을 담지 못했다. 지은이의 이 책이 오히려 양세봉 장군의 업적과 명예에 얼룩을 남기지는 않을까 걱정되기도 한다. 추후 기회가 된다면 좀 더 자료를 보완하고 현지 답사도 충실히 한 뒤 양세봉 장군 평전을 내고 싶은 생각도 있다. 후일을 기약하고자 한다.

양세봉, 그는 누구인가? 1930년대 엄혹한 상황에서 낯선 땅 만주에서 신명을 다바쳐 강대한 일제 침략세력과 만주국의 폭압과 학정에 대항해 싸우며 자신과 이웃, 그리고 우리 민족을 위해, 온갖 억압으로부터의 해방과 자유·평등·정의의 실현을 위해 실천궁행하다가 산화한 자랑스러운 영웅 양세봉! 특히 그는 중국인 친구들과도 잘 어울리면서 중국 항일의용군과 엽합해서 일제와 맞서는 국제연대, 나아가 한중 연합항일을 몸소 실천하였다는 점에서 높이 평가할 만하다.

이제 그의 생애와 독립운동의 자취를 이야기해 보고자 한다. 보잘

것 없는 책을 내면서 많은 사람들의 도움과 지원을 받았다. 정말 감사드린다. 몇 년 전 작고하신 중국인 학자 차오원치曹文奇 선생님, 그리고 2014년 6월 지은이와 함께 양세봉 장군과 조선혁명군 활동지역을 답사, 안내하며 많은 이야기를 들려주신 전정혁 선생님께 진심으로 감사드린다. 또 양세봉 장군 집안 김춘련 교수(요녕성 조선족사범학교)께도 사의를 표하고 싶다. 김교수는 한국에서 볼 수 없는 여러 가지 참고자료를 보내주셨다.

독립기념관 한국독립운동사연구소의 장석흥 소장과 홍선표·이재호 선생께도 감사드린다. 지은이의 더딘 원고 작업에도 오랫동안 참고 기다려주셨다. 그리고 소설가 박도 선생님께도 감사드린다. 선생님은 역사와 문학의 접점, 특히 글쓰는 사람의 마음가짐이 어떠해야 하는가를 몸소 보여주셨다. 역사공간 식구들에게도 감사드린다.

끝으로 아내 맹경숙과 이 책의 저술에 관심을 갖고 보아준 두 딸 혜승·현승에게도 고맙다는 말을 전하고 싶다.

2016년 12월
서울 도심에서 한국현대사의 도도한 흐름을 지켜보면서
장세윤

양세봉은 누구인가

중국 동북 지역(만주)은 우리가 알고 있는 것처럼 한민족 독립운동의 주요 근거지였으며, 치열한 항일무장투쟁의 중심지이기도 하였다. 따라서 이곳에서 전개된 독립운동은 한국근대사의 주요 구성 부분이 될 뿐만 아니라, 중국 동북 지역의 근대사에서도 적지 않은 의의를 갖는다. 특히 항일무장투쟁은 일본의 식민통치 및 중국 동북 지역 강점에 대한 강렬한 저항수단이었기 때문에 그 파급효과도 컸다고 볼 수 있다.

시인 황지우는 "도대체 어떤 자들이 고향을 버리고 처자식, 노부모를 버리고 제 목숨까지 버리고 그 기약없는 길로 떠났을까, 이름없이 얼음 속에 육신을 묻은 그들은 대체 어떻게 생겨먹은 사람들일까"라고 읊었지만(「파리떼」, 『새들도 세상을 뜨는구나』), 일제 강점기에 독립운동, 특히 항일무장투쟁에 뛰어드는 것은 자기 목숨을 내놓아야 하는 것은 물론, 자기 집안과 주위 사람들의 생명까지도 담보해야 하는 매우 위험한 일이었다. 오죽하면 "독립운동을 하면 3대가 망한다"는 이야기가 돌았을까?

하여간 중국 동북 지역(만주)에서 전개된 우리 민족의 조직적 항일무장투쟁은 대체로 1910년대 후반부터 1940년대 초까지 넓은 지역에서 다양한 방법으로 끈질기게 지속되었다. 이 가운데 남만주 동변도東邊道(서간도) 지역을 중심으로 일제 및 만주국 당국과 투쟁한 조선혁명군의 활동은 주목할 만한 가치가 있다. 이 투쟁세력이 다른 독립운동 조직이나 단체보다 오랜 기간인 10여 년간 존속하며 완강하게 일제와 싸웠음은 물론, 나름대로 세련되며 진보된 정세 인식과 정치 강령, 체제를 구비하고 다양한 전술을 구사하여 국내외에서 많은 전과를 거두었기 때문이다. 또한 중국 동북 지역에서는 1938년까지 독자적 조직을 유지하며 중국 항일세력과 연대하여 투쟁하는 등 폭넓은 민족주의 이념을 고수하고 투쟁했다는 점도 중요하다.

이 독립군 부대는 처음에 재만한인 사회를 기반으로 활동하던 조선혁명당과 국민부 산하의 무장투쟁 조직으로 형성·발전했다. 그러나 1930년대 후반에는 오히려 조직의 주축으로 거듭나 '조선혁명군정부'라는 한인 교민들의 준자치 및 군사 정부를 구성하고 이를 토대로 중국의 용군 세력과 연대하여 활발한 대일항쟁을 전개하였다는 사실이 매우 특징적이다.

양세봉은 1930년대 남만주 지역에서 치열하게 독립운동(항일무장투쟁)을 전개한 조선혁명군 사령관을 지낸 저명한 인물이다. 한국에서는 그가 생소한 인물로 여겨질 수 있지만, 남만주의 현지 동포들 사이에는 '소작농 장군'으로 불리며 매우 명망이 높은 인물이라고 할 수 있다. 그는

양세봉

독립전쟁에서 큰 활약을 하여 우리에게 익숙한 김좌진과 홍범도 등에 못지 않은 활약을 보였다. 또 어려운 조건 가운데서도 유능한 지휘능력을 발휘하여 당시 독립군 대원들에게 '군신軍神'이라고 불릴 정도였다. 그는 이처럼 많은 동포와 다수 중국인들의 절대적 지지와 성원을 받았다.

그가 영도하던 시기의 조선혁명군은 여러 계통의 중국인 의용군과 연합하여 일본군 및 괴뢰 만주국군을 상대로 수많은 전투를 치르는 한편, 여러 번 국내 진입작전을 전개하여 일본의 식민지 통치에 적지 않은 타격을 주는 등 전성기를 구가하였다. 그러나 조선혁명군에 대해서는 국내외 지역에서 상당한 연구가 진행된 반면, 정작 이 독립군을 영도한 양세봉 개인에 대한 심층적 연구는 별로 없다.

이에 저자는 여러 차례 현지답사 및 전해오는 이야기, 새로운 자료와 연구성과를 활용하여 양세봉 장군의 생애와 항일 투쟁을 살펴본뒤, 그의 독립운동이 갖는 의의를 간단히 정리하고자 한다. 우리는 항일무장투쟁을 대표할 수 있는 양세봉 장군과 같은 영웅적 인물의 생애를 통해 1920년대와 1930년대 전반기 중국 동북 지역 독립운동의 흐름을 이해할 수 있을 것이다. 다만 양세봉 장군 관련 사료의 부족으로 정의부 시기와 조선혁명군시기를 중심으로 이야기를 풀어가고자 한다.

만주 지역에서 명멸했던 고조선·부여·고구려·발해, 그리고 고려·조

항일영렬기념비(중국 요녕성 신빈)

선 시대에 얽힌 끝없는 이야기는 일단 제쳐두자. 그래도 일제강점기 말 달리던 선구자와 독립군, 항일 빨치산에 얽힌 이야기들은 끝이 없을 것이다. 이제 저자는 그중에 우리가 미처 알지 못했던 이야기 보따리 하나를 풀어내 보고자 한다. 그러나 점차 잊혀져가는 우리의 자랑스런 항일독립운동의 역사, 우리 독립운동가들이 남긴 귀중한 기록, 그리고 만주 독립운동을 무자비하게 탄압했던 일제 측 문서와 중국인들의 자료·평가, 또 1920~1930년대 국내외 신문자료까지 생각보다 많은 기록이 있었다. 하지만 이 책에서는 '1930년대 항일무장투쟁'을 중심으로 양세봉 장군의 생애와 활동을 정리하면서 현지에 전하는 전설과 기록 등도 부분적으로 소개하기로 한다.

　국가로부터 별로 혜택을 받지 못했던 소외지역과 소외계층 출신이었던 양세봉 장군의 치열한 항일무장투쟁과 독립전쟁, 그리고 사심없는 분투와 헌신은 고난과 역경에 굴하지 않는 불굴의 용기와 기개, 감투, 희생정신을 잘 보여주었다.

어린 시절과 중국 이주

양세봉은 1896년 7월 15일(음력 6월 5일) 평안북도 철산군 서리면 연산동 에서 태어났다. 중국에서 발행된 여러 서적에는 1894년 또는 1895년에 태어났다고 되어 있으나, 저자의 확인에 따르면 위의 시기와 장소가 거 의 확실하다. 이 사실은 일제 경찰당국에서 발행한 비밀문서뿐만 아니 라, 가족을 이주시키고 묘를 이장한 북한 측의 공식 입장을 통해서도 확 인할 수 있다. 1946년경 양세봉의 처 윤재순과 아들 양의준 등이 북한 당국의 주선으로 평양에 이주했는데, 1986년 9월 평양의 애국열사릉에 새로 안치된 양세봉 묘비에 1896년생으로 명기되어 있다.

양세봉의 본명은 양서봉梁瑞鳳인데, 세봉世奉·世鳳이란 이름으로 더 많 이 알려졌다. 본관은 남원南原, 자는 희근熙根이다. 후일의 호는 벽해碧海 인데, '벽해'라는 호가 나중에 널리 알려지게 되었다. 그의 고향이 황해黃 海에 가까웠기 때문인지, 고향을 그리워하는 심정을 표현한 것이 아닌가

양세봉의 모친 김아계 여사와 제수 김화순
(1930년대 중반)

한다. 그의 부친에 대해서는 자세히 알 수 없다. 다만 그가 1870년경 출생하였고 가난한 농민이었지만, 유달리 교육열이 높고 애국심이 강했다는 이야기가 전해올 따름이다. 특히 그는 집에 개국신화의 주인공인 단군의 초상화를 모셔놓고 명절 때마다 향을 피우고 참배하며 조선의 유구한 역사와 전통을 아이들에게 가르쳤다고 한다. 따라서 이러한 부친의 가르침은 어린 양세봉에게 강한 인상을 남기기에 충분했을 것이다. 이로 미루어 보건대 양세봉의 부친이 대종교 신자였을 가능성이 있다.

양세봉 모친의 성함은 김아계金阿桂였다고 한다. 그녀에 대해서도 정확히 알 수 없으나, 양세봉이 전사할 때까지 생존해 있었던 것으로 확인된다. 아들이 독립운동의 주요 지도자였기 때문에 1932년 3월 성립한 괴뢰 '만주국' 공안당국의 감시와 탄압을 피해가며 숱한 고생을 해야 했다. 양세봉의 형제는 모두 5남매였는데, 그가 장남이고 밑으로 원봉, 시봉, 정봉 등 남동생과 봉녀라는 여동생이 있었다.

양세봉의 어린 시절도 잘 알 수 없다. 그가 열 살 때인 1905년에 을사5조약(일명 을사늑약)이 일제의 불법 강요로 체결·공포되자 많은 애국지사들이 그 부당함을 폭로하며 항거하거나 울분을 참지 못하고 자결하는 사태가 벌어졌다. 전해오는 말에 의하면 양세봉의 고향 이웃 서당 훈장 역시 그 충격과 울분을 참지 못하고 자결한 사건이 있었다고 한다. 따라서 양세봉의 어린 심정에도 이러한 환경이 상당한 영향을 주었을 것이다.

양세봉의 수학경력도 정확한 내용이 알려지지 않고 있다. 다만 11세 전후에 고향에서 약 5년간 서당을 다니며 『천자문』과 『명심보감』, 기타 사서오경四書五經과 같은 중국고전을 약간 배운 것으로 전한다. 그가 평북 정주 오산학교에 다녔다는 이야기도 있지만, 그는 정규학교에 다닌 적이 거의 없었다. 비록 제도권 정규교육을 받지는 못했다고 해도 전통적 서당교육을 통해 충효와 삼강오륜三綱五倫 등 기본적 인성 및 예절을 교육받아 나라사랑과 민족의식, 국가와 사회에 대한 자각과 사명의식을 갖추었을 것으로 보인다.

그의 고향 철산은 중국과 가까운 곳이고 새로운 문물을 전하는 경의선 철도가 지나는 지점이라 사람의 왕래가 많으며, 신식교육 및 기독교 등이 비교적 빨리 전파된 곳이었다. 때문에 이곳은 일제 침략의 통로가 되기도 했지만, 새로운 문화를 수용할 조건이 충분히 갖추어진 곳이기도 했다. 총명했던 양세봉은 15세 때 나라가 멸망하는 비운의 사태를 목도하게 된다. 이러한 상황에서 그는 기울어가는 나라의 운명을 직·간접으로 보고 들으며 10대의 예민한 감성을 발달시켰을 것이다.

아버지의 가르침과 서당 훈장의 훈화

양세봉의 셋째 동생 양정봉의 아들인 양의섭의 회고에 따르면, 양세봉
의 아버지는 아들에게 다음과 같이 양씨 가문의 이야기를 들려주었다고
한다.

우리의 선조 양을나良乙那는 옛날 탐라국耽羅國(지금의 제주도)의 주요 씨족
으로서 모흥혈 이야기에 나오는 인물의 한 사람이다. 그의 후손 양탕良宕
은 탐라국의 광순사로 신라국에 들어왔는데 내물奈勿왕은 그를 우대하여
'성주왕자星主王子'라는 작호를 수여하였다. 원래 성은 '양良'씨였지만 '양
梁'씨로 개칭했다. 양씨는 남원 양씨와 제주 양씨가 있는데 제주 양씨는
양을나의 후예 양순의 후손이다. 우리는 남원 양씨다. 양순은 신라 신무
왕 때 한림학사를 지냈고, 후에 한라군으로 봉해졌다. 양씨 가문에서는
대학사 등 문인 명현이 나왔고, 명장도 나왔다. 하지만 근래 100년 사이
에 평안도로 이주하면서부터 양씨 가문은 기울기 시작했다.

아버지는 또 아래와 같은 우리나라 역사 이야기도 들려주었다고
한다.

5,000년 역사를 지닌 우리 민족은 중국·인도와 더불어 유구한 문화를 갖
고 있는 나라다. 단군 할아버지가 나라를 세운 후, 하늘에 제사를 지내 은
혜에 보답하는 예의를 갖추고 온갖 어려움과 짐승들을 물리치고 삶의 터

전을 마련했다. 옛날에는 우리나라를 군자국君子國이라고 불렀고, 우리를 무예를 숭상하는 민족이라고 했다. 고구려 때에는 수십만 명이나 되는 강한 군대가 있어 밖으로는 외적의 침입을 막고, 안으로는 나라를 안정시켰다.

오랜 옛날부터 왜구들은 줄곧 바다를 건너 우리나라에 쳐들어와 약탈을 일삼았다. 특히 300여 년 전에는 일본의 도요토미 히데요시豊臣秀吉이란 자가 대군을 일으켜 조선을 침략했지만, 이순신 장군이 거북선을 앞세워 일본군과 혈전을 벌여 물리쳤다. 이때 육군을 이끌던 도원수 권율도 이웃 중국 명나라의 장군 이여송, 양호 등이 이끄는 명군과 함께 7년간의 혈전 끝에 일본군을 격퇴했다. 그런데 오늘날 일본은 또다시 우리나라를 침범하여 왕후를 살해하고 단발령을 강요하며, 조정의 간신인 이완용 등 5적과 결탁하여 '을사조약'을 강요하여 우리의 주권을 빼앗았다. 일본의 이토 히로부미伊藤博文가 한국 통감으로 와서 우리나라를 삼키려 하고 있으니, 우리 조선 사람들은 하나로 뭉쳐 불구대천의 원수 일본을 물리쳐야 한다.　　　　　　　　　　　　　　 － 조문기·정무, 『한일명장 량세봉』

양세봉의 아버지는 자식들에게 서울에서 멀리 떨어져있지만, 임금을 잊어서는 안 되며, 가난하더라도 나라를 위해 제몫은 다해야 한다고 가르쳤다. 또한 나라에 충성하고 부모에게 효도하며, 벗들과 의리를 지키고 난관에 부딪혀도 굴하지 않으며, 싸움에 신중하고 구별이 있어야 한다는 등 옛 어른들로부터 전해내려온 5가지 원칙(세속오계)을 지켜야 한다고 가르쳤다.

양세봉은 어릴 때부터 매우 총명하였다. 아버지는 그를 공부시키고 싶었지만 집이 가난해서 그럴 수가 없었다. 그런데 1905년, 세봉이 9살 되던 해에 아버지는 우연히 마을의 한 서당에서 문지기를 구한다는 소식을 들었다. 아버지는 작은 선물을 들고 훈장을 찾아가 장남 세봉이가 밤에는 서당에서 자면서 서당을 지키고, 낮에는 글을 배울 수 있게 해달라고 부탁했다. 훈장은 키가 크고 성실하며 정직해 보이는 양세봉을 보고 그 청을 받아들였다.

안중근을 따라 배우다

1909년 10월 26일, 하얼빈역에서 대한제국의 영웅 안중근이 전 한국통감 이토 히로부미를 사살하여 엄청난 반향을 불러일으켰다. 안중근의 이 의거는 바로 전 세계에 널리 알려졌다. 평안북도 철산 산간벽촌의 서당 훈장 역시 세기의 사건인 안중근의 장거를 학생들에게 전하면서 그를 모범으로 삼아 큰 인물이 되라고 격려하였다. 그리고 며칠 후에는 한 젊은 청년을 청하여 학생들에게 노래 한 곡을 가르치게 했다.

참으로 존경할 만한
안중근이여!
이토 히로부미를 처단하고
살신성인하였으니
가슴속 망국의 한을 풀었도다.

세상 사람들 모두

그의 숭고한 넋에 탄복하노라!

청사靑史에 이름 남겨

영원히 기억될 것이니

어느 누가 그의 뒤를 따르지 않으랴!

훈장이 들려준 이러한 안중근에 대한 이야기는 시골 서당의 학동들을 감동시켰다. 특히 안중근이 여순旅順감옥에서 교수형을 당하기 직전에 동생 안정근安定根에게 마지막으로 남겼다는 의연한 유언은 더욱 감동적이었다. 양세봉은 이 이야기를 부모님과 친구들에게 들려주었고 노래도 가르쳐주었다.

훈장은 또 안중근의 의거를 상찬하는 김택영金澤榮과 중국의 량치차오梁啓超가 쓴 글 '추풍단등곡秋風斷藤曲'을 소개해주었다. 양세봉과 그의 친구들은 저마다 안중근을 본받아 일본 침략자들을 응징하겠다는 결심을 굳게 다졌다.

그런데 1912년 양세봉의 부친이 뜻밖에도 장티푸스에 전염되어 42세를 일기로 별세하는 불행한 사태가 닥쳐왔다. 때문에 장남인 양세봉은 모친과 네 동생, 그리고 민며느리로 들어온 윤재순(1916년 결혼)까지 합하여 일곱 식구의 생계를 떠맡다시피 했다. 양세봉 가족들은 소작농으로서 매우 어려운 생활을 할 수밖에 없었다.

한편 일본이 한국을 강점한 뒤 한국인에 대한 압박과 수탈이 강화되면서 살기가 어려워진 많은 농민들은 정든 고향을 등지고 살길을 찾아

만주(북간도와 서간도)로 이주하기 시작했다. 특히 평안도 지역의 농민들은 바로 지척인 압록강 건너편 서간도 지역(중국의 동변도 지역)으로 많이 이주하고 있었다. 결국 양세봉 가족 역시 1917년 겨울에 중국 봉천성(현재 요녕성) 흥경현興京縣 영릉가永陵街의 노성老城 하남河南으로 이주하였다. 이들은 만주족 지주의 소작농으로 1년 가량 농사를 지은 다음, 1919년 초에 다시 한인 농민들이 많이 살고 있는 홍묘자紅廟子 사도구四道溝로 이사하였다.

한인들은 왜 만주로 갔을까

17세기 중엽 만주족이 청淸을 건국하여 중국 산해관山海關 내로 들어간 뒤부터 19세기 중엽까지 중국 동북 지역 남만주 동변도(서간도) 및 북간도(중국 연변) 지방은 청조의 신성한 발상지와 팔기병八旗兵의 근거지라는 이유로 엄격한 봉금封禁지대로 설정되었다. 청조는 약 200년 동안 이 지역에 대한 봉금정책을 기본적으로 고수하였다. 그러나 1860년대 이후 한·중인(특히 한인)의 이주가 증가하고 러시아가 남하정책을 취하게 되자, 청조는 이를 저지하기 위해 개방정책을 취하게 되는데, 이로써 봉금정책은 폐기되기에 이른다.

중화민국 정부는 1914년에 공포한 법령으로 중국 동북 지역을 봉천성·길림성·흑룡강성의 3성으로 구분하고 그 아래에 10개 도道를 설치했는데, 동변도는 그 도 가운데 하나이다. 대체로 현재의 요녕성 동남부·길림성 남부와 압록강 이북 사이의 서간도 지역을 가리킨다.

간도間島라 하면 평안북도 건너편의 서간도와 함경북도 대안의 북간 도로 대별되지만, 일반적으로는 북간도를 가리키는 경우가 많다. 대체 로 북간도는 만주 동남부 지역, 즉 현재의 길림성 동남부, 연변延邊 지역 을 가리킨다. 압록강 이북 지역과 송화강 상류, 압록강의 중국 측 지류 인 혼강渾江 일대를 과거에 '서간도'라고 불렀다.

청조는 1895년 청일전쟁이 종결된 후부터는 적극적으로 이민정책 을 추진하였다. 청조는 19세기 후반 이래 중국 동북 지역에 한족漢族 이 주민이 대폭 증가하자 1907년에 정식으로 봉천奉天(1929년 요녕성으로 개 칭)·길림吉林·흑룡강성黑龍江省 등 3성을 설치하고 동삼성東三省 총독을 두 었다. 특히 1911년 신해혁명으로 청조가 타도된 뒤 한족의 이주는 정책 적 제한없이 자유롭게 전개되었다.

19세기 후반, 특히 1860~1970년대 사이에 조선 북부지방에서는 자 연재해가 빈번히 발생하고 봉건관리들의 수탈도 심화되었다. 이에 적지 않은 한인들이 비공식적으로 압록강을 건너 서간도(동변도) 지역에 이주 하기 시작했다. 이들은 대체로 평안북도 북부 지역에서 살던 가난한 농 민들이었다. 한족 이주민에 의한 동변도 지역의 개간은 이미 1840년대 부터 시작되었다. 청淸 정부는 수시로 이들을 조사하여 내쫓았지만, 결 국 1860년대부터는 대세를 거스를 수 없어 이주민에 의한 개간을 승 인하지 않을 수 없었다. 1860년대부터 압록강 상류·중류 지역인 장백 長白·임강臨江·집안輯安·관전寬甸 등의 각 현縣에 삶의 터전을 마련한 한인 이주민들은 1904년에 벌써 4만여 명을 헤아리게 되었다.

한인들의 서간도 지역으로의 이주는 북간도(연변) 지역보다 10여 년이나 앞선 것으로 조사되고 있다. 평안북도 건너편, 즉 압록강 대안對岸의 서간도 지역에 한인들이 많이 이주한 것은 지리적으로 가까울 뿐만 아니라, 만주로 들어가는 길목이었기 때문에 쉽게 접근할 수 있었던 원인이 컸다. 대한제국의 멸망 직후인 1911년에 압록강변의 장백·임강·집안현으로 이주민이 급증하는 현상을 파악할 수 있다. 1904년에 비해 무려 32.4%나 급증했다. 이는 궁핍한 농민뿐만 아니라 일본의 침략 및 식민지 통치에 반감을 품고 망명하는 민족운동 관련 인사들이 적지 않았기 때문인 것으로 추정된다. 1918년에는 장백과 집안현 등 한인들이 이미 정착한 곳의 이주율은 둔화된 반면, 임강과 관전寬甸, 흥경興京 등 그동안 한인의 이주가 적었던 미개척 지역에서 크게 늘어났다. 특히 흥경현의 경우는 매우 이례적인데, 1910년대 후반에 집중적으로 한인의 이주가 이루어지고 있었다.

1920년 흥경현에는 1만 3,326호에 6만 5,222명의 한인이 거주하고 있었는데, 1910년대 후반 한인들의 이주가 이 지역으로 집중되고 있었다. 이 같은 배경에서 흥경현(1929년 신빈현新賓縣으로 개칭되었다가, 다시 1933년에 흥경현으로 환원됨)이 정의부 및 국민부, 조선혁명당·군 등 민족주의 계열 독립운동 세력의 유력한 근거지가 되었다.

강화도에서 살다가 개성, 신의주를 거쳐 1910년 남만주 서간도 지역으로 이주한 선비이자 양명학자요, 명문장가인 이건승李建昇은 우리 동포들의 서간도 지역으로의 이주와 정착, 독립운동의 동향을 「서행별곡西行別曲」(1911. 3)을 통해 생생하게 묘사하였다.

유하柳河·통화通化 내린 물이 회인懷仁(현재 환인: 저자주)·관전寬甸 싸고 돌아

서간도西間島라 섬 도島자가 이를 두고 이름이라

합방 이후 오는 사람 수없이 들어오니

이곳서 황무지로 사람산 지 몇 해런고

동명왕의 개척함이 북부여가 여기로구나

졸본卒本으로 개국하여 백업伯業을 일으키니

그 후에 광개토왕 남북으로 땅을 넓혀

집안현緝安縣에 비를 세워 증거가 소연昭然하다

사책史冊에 환도성丸都城이 집안현이로구나

오늘날 표박漂泊하여 여기 와서 생활함은

인궁반본人窮反本(사람이 궁하면 근본으로 돌아간다는 뜻: 저자주) 이치런가

고구려 후 천여 년에 사적事蹟 자세히 모를세라 …

자고로 영웅사업 이곳서 발달하거니와

곡식이 풍족하여 저축이 족할세라

족식족병足食足兵하게 되면 대적待敵할 이 뉘 있을고

회계會稽에 십년 생취生聚(뜻 있는 무리를 모음: 저자주) 월국越國 회복하여 있네

서간도 우리 인민 십만에 달한다네

실업實業을 힘을 쓰고 무예를 연습하여

영웅이 아니냐고 재정이 불급不給하니

이 내 몸 재주없고 육십이 불원不遠하니

죽지 않고 살아있어 기다림이 있건마는

이 백성 교육하고 이 땅을 웅거하여

남북풍운南北風雲 모아들면 한때가 있으련만

흩어사는 저 인민을 단체통솔 어이할꼬

이처럼 서간도 지역은 한인 농민들이 일찍 개척하여 수만 호의 한인 마을이 형성되어 있었고, 이에 따라 많은 한인 단체들이 이들을 기반으로 활동하기 시작했다. 한인들 가운데는 이주한 지 50년 가까이 되는 사람들도 있었으며, 중국에 귀화해서 중국 국적을 취득한 사람도 있었다. 그러나 귀화하지 않은 대부분의 한인들은 토지 소유권이 없었기 때문에 중국인 지주의 토지를 빌려 소작농으로 생계를 유지하였다. 양세봉과 가족들도 동족 농민들의 도움을 받으며 토지를 개간하는 한편, 한족 지주의 농토를 소작하며 근근이 살게 되었다.

겨울철 압록강·두만강변의 풍경

식민지 조선과 만주(중국 동북) 사이를 가로지르는 압록강과 두만강은 우리 한민족에게 실로 무수히 많은 사연과 한, 희노애락을 담은 이야깃거리와 웅장한 영웅서사시의 소재를 제공하고 있다. 조국에서 살지 못하고 타국으로 떠나는 농민들, 또는 조국독립의 웅지를 가슴에 품고 후일

양세봉이 처음 이주하여 농사를 지었던 신빈현 영릉(노성) 하남촌

을 기약하며 떠나는 망명객들의 한숨과 눈물이 어린 압록강과 두만강.
또 때로는 일본 군경을 무찌르기 위해 벽력같은 함성을 지르며 발을 내
딛는 독립군의 모습까지. 실로 많은 사연을 품고 유유히 흐르는 유장한
두 강···.

　　파인巴人 김동환이 1925년 3월 발표한 서사시 「국경의 밤」은 두만강
변에 살고 있는 서민들의 애환과 서러움, 식민지 백성의 삶과 고통을 잘
드러낸다. 두만강변에서 숨죽이며 어렵게 살아가고 있던 식민지 민중의
사랑과 이별, 죽음을 노래하고 있는 것이다. 겨울철 압록강변 국경 경비
상황과 이를 둘러싼 한국인의 삶 역시 두만강변의 상황이나 삶과 크게
다르지 않았다.

아하, 무사히 건넜을까,

이 한밤에 남편은 두만강을 탈없이 건넜을까?

저리 국경 강안江岸을 경비하는

외투 쓴 검은 순사巡査가

왔다 – 갔다 –

오르명 내리명 분주히 하는데

발각도 안 되고 무사히 건넜을까?

소금실이 밀수출密輸出 마차를 띄워 놓고

밤새 가며 속태우는 젊은 아낙네

물레 젓던 손도 맥이 풀려서 '파!' 하고 붙는 어유魚油 등잔만 바라본다.

북국의 겨울 밤은 차차 깊어 가는데

어디서 불시에 땅 밑으로 울려오는 듯,

"어 – 이" 하는 날카로운 소리가 들린다.

저 서쪽으로 무엇이 오는 군호軍號라고

촌민들이 넋을 잃고 우두두 떨 적에,

처녀妻女만은 잡히우는 남편의 소리라고

가슴 뜯으며 긴 한숨을 쉰다.

눈보라에 늦게 내리는

영림창 산림실이 벌부筏夫떼 소리언만

마지막 가는 병자의 부르짖음 같은

애처로운 바람 소리에 싸이어

어디서 '땅' 하는 소리 밤하늘을 짼다.

뒤대어 요란한 발자취 소리에

백성들은 또 무슨 변이 났다고 실색하여 숨죽일 때,

이 처녀만은 강도 채 못 건넌 채 얻어맞는 사내 일이라고

문비탈을 쓰러안고 흑흑 느껴가며 운다.

겨울에도 한 삼동三冬, 별빛에 따라

고기잡이 얼음장 끊는 소리언만.

…

– 김동환, 「국경의 밤」

압록강 두만강변 한국인들의 생활은 이 시의 묘사처럼 매우 불안정하고 어둡고 긴장된 것이었다. 특히 압록강·두만강변에서, 만주 내륙에서 구하기 어려운 소금을 만주산 곡식 등과 교환하는 상업이나 밀매가 매우 빈번하게 이루어지기도 했다.

1920년 전후 흥경현은 6만 5,000여 명에 달하는 많은 한인들이 집거하여 1910년대 후반 서간도 지역에서 한인 이주민이 가장 많이 늘어난 곳이 되었다. 따라서 이곳은 일제 식민지 통치에 항거하는 독립운동가들의 왕래가 잦고 한인 이주민을 기반으로 한 각종 학교와 독립운동 조직이 설치되면서 남만주 민족운동의 중심지로 부상하게 되었다. 이러한 배경에서 이 지역에서도 국내 3·1운동의 영향을 받아 항일시위운동이 일어나게 된다.

흥동학교 도장이 찍혀 있는 『발해태조 건국지』와 『명림답부전』 표지

양세봉의 3·1운동 참가

남만주 환인현 읍내에는 경상남도 밀양 출신의 대종교 독립운동가 윤세복尹世復이 1911년 2월에 세운 동창학교東昌學校가 민족사학으로 유명했다. 저명한 민족주의 사학자 신채호申采浩가 이곳에서 교사로 근무하였다. 역시 이 학교 교사로 재직한 이학수李學洙(후일 운허 스님으로 유명)는 흥경현 홍묘자紅廟子에 사립 흥동학교興東學校를 1914년 2월에 세워 한인 자제의 민족교육에 매진하였다. 특히 이 학교는 박은식朴殷植이 저술한 『발해태조 건국지』 등 민족사학 교재를 사용하는 등 애국 교육을 강조하였다.

　흥동학교 교장으로 일하던 이세일李世日은 1919년 4월경 국내 3·1운동의 소식을 듣고 홍묘자에서 한인 대중을 동원하여 대규모 항일시위운동을 전개할 계획을 세웠다. 그는 같은 마을에 살고 있던 양세봉에게 가서 이 시위에 동참할 것과 대중의 동원을 부탁하였다. 양세봉은 이에 기꺼이 동의하고 학생과 어른들을 참가시키기 위해 노력하였다. 그리하여 그해 5월 초 흥동학교의 교정에는 수백 명의 한인 학생과 농민 대중이 집결하여 태극기를 흔들며 "조선독립 만세"를 외치는 등 대규모 항일시위운동이 전개되었다. 이때 양세봉은 아내와 두 동생을 데리고 동참했다고 한다.

홍묘자에는 수백 명의 한인들이 모여 있었는데, 여기저기 어린이들의 모습도 보였다. 사람들은 대부분 흰옷을 입고 있었다. 흥동학교 고학년 학생들은 붉은 천조각을 완장처럼 팔에 두르기도 했다. 그들은 모두 흥동학교 운동장에 모였는데, 이세일이 손에 큰 태극기를 들고 지휘하며 마을별로 줄을 세워 시위대를 만들었다. 키가 큰 양세봉이 마을 시위대의 선두에 섰다. 이어 교장 이세일이 격앙된 목소리로 연설을 시작했다.

친애하는 동포 여러분! 학생 여러분!
조선 독립의 날이 가까이 왔습니다. 일본이 한국을 강제로 병합한 지 거의 10년이 흘렀습니다. 그동안 일본은 우리의 국권과 나라이름을 빼앗았고, 우리가 살았던 터를 뺐었습니다. 그들은 우리 조선사람들의 교육을 제한하고 우리의 권리를 빼앗아 생존을 위협했을 뿐만 아니라, 온갖 수법을 다하여 애국지사들을 탄압하고 독립운동을 저지해왔습니다. 또 세금이라는 명목으로 수탈을 거듭하여 우리 조선 사람들을 빈곤에 빠지게 했으며, 금수강산 삼천리는 온통 감옥으로 변해버렸습니다. 그 뒤에도 침략

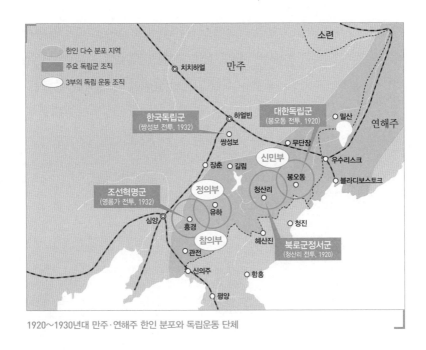

1920~1930년대 만주·연해주 한인 분포와 독립운동 단체

의 손길을 나라 밖에 살고 있는 우리들에게까지 뻗치고 있습니다. 그들은 중국 군벌과 결탁하여 중국인과 조선인을 이간시키기 위해 여러 가지 수법을 동원하고 있습니다. 지금 조선에서는 모든 국민들이 일제 침략과 혹독한 탄압을 참지 못해 모두 일어나고 있습니다. 서울과 평양, 경기도, 평안도 등 전국 각지 200여 곳에서 시위가 일어났고, 시위 참가자가 매우 많습니다. 중국에 사는 우리도 국내의 시위에 호응한다면 조선민족의 독립은 머지않아 실현될 것입니다.

– 조문기·정무, 『항일명장 량세봉』

이세일 교장의 연설이 끝나자 모두들 "조선독립 만세!"를 소리높이 외쳤다. 이어 이세일 교장이 앞에서 태극기를 높이 들고 대열을 이끌고 홍묘자 거리를 몇 바퀴 돌며 시위행진을 벌인 뒤, 부근의 십오간방十五間房까지 행진하였다. 양세봉은 이세일 교장의 연설에 큰 감동을 받고 크게 각성하였으며, 홍묘자 3·1운동을 계기로 본격적으로 독립운동에 투신하게 되었다. 양세봉 일가 역시 홍묘자 3·1운동에 크게 고무되었다.

1920년대 만주 독립운동에 투신하다

양세봉은 홍묘자 항일운동에 참가하면서 민족의식을 더욱 굳건히 다지고, 독립운동에서 조직 활동의 중요성을 깨닫게 되었다. 하지만 본격적으로 독립운동에 뛰어들지는 못했다. 집이 가난했기 때문에 장남인 그로서는 가정의 생계문제를 도외시할 수 없었던 것이다. 사실 그는 국내에서는 물론, 중국에서도 만주족과 한족 등 이민족 지주의 소작농 생활을 경험했기 때문에 강한 민족의식을 갖게 되었고, 동시에 상당한 계급적 자각을 하게 되었다.

국내에서 3·1운동이 거족적으로 전개된 직후인 1919년 3월 19일(음력 2월 18일) 서간도 유하현柳河縣 삼원보三源堡에서 조맹선 등 3인을 총단장으로 하는 대한독립단이 결성되었다. 초창기 이 조직에는 무려 756명이라는 많은 사람들이 참여하였고, 그해 말까지 거의 100여 개의 지단과 지부가 조직되기에 이르렀다. 대한독립단은 처음에는 주로 국내에서

양세봉이 1930년대 초반 거주한 신빈현 홍묘자 사도구 마을 전경

의병활동을 전개했던 유림계열 인사들이 주도했다. 그러나 이후 상해 임시정부와도 연계되어 친일파 처단 및 국내 진입작전을 벌이는 한편, 국내외에서 널리 독립운동 자금을 모집하는 등 1920년대 초반 매우 활발한 활동을 전개하였다.

　양세봉은 1920년경 대한독립단의 흥경현 지부조직에 참가한 것으로 판단된다. 중국 연구자 차오원치에 따르면 이때 그는 독립단의 지방공작원으로서 식량을 수집하여 공급하는 일을 맡았다고 한다. 당시 남만주 서간도 지역에서 활동하던 독립운동 조직의 상당수는 흥경현에서 한인들이 가장 많이 집중되어 있는 왕청문旺淸門을 중심으로 활동하였다. 따라서 양세봉은 여러 독립운동 단체가 있는 이곳을 왕래하며 애국·애족 및 반제 반봉건 의식을 더욱 확고히 다질 수 있었다. 그는 어려운 가정 살림을 아내와 동생들에게 맡겨놓은 채 남만주 일대를 왕래하며 독립운동에 투신하였다.

양세봉은 흥경현 내 사도구四道溝와 금구자金溝子의 한인농민들을 상대로 상당한 식량을 거두어 독립군 군량으로 확보한 뒤, 사도구 정재생鄭在生의 집에 맡겨 놓았다. 그런데 정재생이 식량을 사사로이 빼돌리고 말았다. 결국 이 사건이 문제가 되어 중국 흥경현 보안대가 달려와 정재생의 집에 있던 군량 수십 석을 몰수하였다. 이렇게 되자 독립단에서는 양세봉과 정재생이 공모하여 식량을 빼돌린 것으로 오해하고, 이 두 사람을 처벌하려 하였다. 이에 양세봉은 부득이 집을 떠나 고향인 평북 철산군과 남만주의 여러 곳을 전전하며 몇달 동안 유랑하게 되었다.

이러한 방황의 과정을 거친 양세봉은 우여곡절 끝에 1920년 중반 다시 천마산대 독립군에 가입하여 활동하게 된다. 천마산대는 최시흥 등 구한국군 출신 인사들이 주동이 되어 1920년 3월경 조직한 단체로서 1922년경까지 남만주와 평안도 지방을 왕래하며 치열한 무장투쟁을 벌인 단체였다. 특히 이 독립운동 조직은 주로 평안북도 의주와 구성, 삭주 일대에 걸쳐있는 천마산(높이 1,169m)을 근거로 활발한 유격전을 전개하여 조선총독부의 식민지 통치에 큰 타격을 주었다. 천마산대는 이후 대한민국 임시정부와 연계하여 1920년 7월 성립한 광복군총영의 한 조직(광복군 천마별영)으로 편입되었다. 이 조직에는 200여 명의 대원이 있었으나, 실제로 적극 활동한 사람은 약 50명 내외로 파악된다.

양세봉이 어떻게 해서 이 단체에 참가하게 되었는지에 대해서는 자세히 알 수 없다. 그러나 그는 이때부터 본격적으로 항일투쟁에 투신한

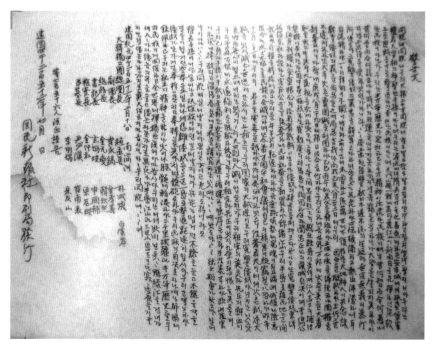

대한독립단 경고문

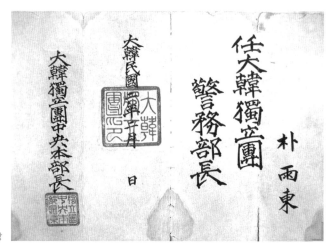

대한독립단 임명장

것으로 보인다. 중국 측 기록에 따르면 양세봉은 광복군총영(제4영 철마별영, 곧 천마산대: 저자주)의 검사관 직책을 맡아 활동했다고 한다. 그러나 천마산대에 참가한 뒤 양세봉은 국내의 일제 경찰소 및 주재소, 면사무소, 우체국, 영림창 등 일본 통치기관 습격, 일제의 관리 및 친일파 처단, 군자금 모집 등의 활동에 적극 참가하게 되었다. 이 전투에서 양세봉 등 일행은 한국인들을 압박하고 착취하는 식민지 통치의 말단기구인 면사무소를 불태우고 일본인 경찰 와타나베渡邊 등 몇 명을 살상하는 중요한 전과를 거두었다.

이듬해 8월 9일에는 최시흥 등 20여 명과 함께 평북 창성군 대유동에 있는 일본 경찰관 주재소와 우체국, 일본인 상가 등을 습격하는 전투에 참가하였다. 특히 이곳은 운산금광과 함께 한국 2대 금광의 하나로 알려진 대유동금광이 있어 유명했고, 이 때문에 일제의 식민지 행정기관이 집중되어 있었다. 이 금광은 1901년 프랑스인(살타렌)이 채굴권을 획득한 이래 많은 금이 산출되고 있었는데, 1939년경 일본인이 인수하여 금을 반출하였다. 대유동에는 100여 호의 민가와 1,000여 명의 광산 노동자들이 거주하고 있어 독립군의 진공시 파급효과가 매우 큰 지역이었다. 이 전투에서 독립군 일행은 도주한 적의 총 20여 자루 및 많은 탄약을 노획하고 주재소와 우체국 건물의 일부를 소각하여 조선총독부 치안당국에 경종을 울렸다. 이러한 독립군 부대의 활약상을 목격한 주민들과 광산 노동자들은 일제히 "대한독립 만세"를 외치고 적극 호응하였다고 한다.

이때 주목되는 사실은 독립군 측에서 프랑스인이 경영하던 금광사무

1920년대 초 독립군이 사용한 태극기와 깃발, 무기류

소도 습격하여 다수의 무기와 군자금을 노획했다는 사실이다. 이는 독립군이 항일투쟁뿐만 아니라 모든 제국주의 세력의 이권침탈에 대해서도 반대투쟁을 전개했음을 의미한다. 양세봉은 이와 같은 무장투쟁을 통해 용맹을 떨치며 독립운동에 앞장서게 되었다.

일본 경찰은 천마산대의 투쟁에 큰 충격을 받고 이들의 활동을 수수 방관할 경우 평안도 북부지방의 통치행정에 큰 지장을 받게 될 것을 우려하게 되었다. 그리하여 1920년 초부터 여러 차례에 걸쳐 대병력을 동원하여 천마산대의 근거지를 공격하는 등 탄압을 강화하였다. 때문에 천마산대 대원들은 일제의 '토벌'에 직면하여 큰 어려움을 겪으며 활동

근거지를 옮기는 등 고초를 겪어야 했다. 그런데 당시 남만주에서 활동하고 있던 여러 독립운동 단체들은 일제를 타도하기 위해서는 우리 민족의 분산된 역량을 통합하여 공동으로 투쟁해야 한다는 필요성을 절감하고 있었다. 이에 따라 남만주 일대 각 독립운동 단체들은 통합 조직체로서 1922년 8월 대한통의부를 결성하게 된다. 이 조직에 광복군총영이 참가함에 따라 천마산대는 통의부 의용군의 제3중대로 편제되었다. 이때 중대장은 최시흥이 맡고 국내 진입활동을 주임무로 하였다. 양세봉도 이 부대에 초급 간부로 참가하여 평안북도 의주와 창성, 벽동, 초산등 국경지대의 진입작전과 남만주 일대의 독립운동에 적극 동참하였다.

통의부는 공화주의 이념을 표방하여 한때 남만주 일대에 큰 세력을 이루었다. 하지만 이듬해 초 복벽주의(군주제를 다시 복원하려는 이념)를 내세우며 전덕원 등이 통의부를 이탈하여 통군부를 조직하자 남만주 독립운동 세력은 내분이 심화되고 갈등이 깊어졌다. 이러한 사태에 염증을 느낀 통의부 의용군의 1·2·3·5중대 장병들은 통의부를 이탈하여 상해 임시정부와 연락하고 임시정부 직할군단이 될 것을 자청하였다. 그 결과 이들은 1923년 8월 통화현에서 참의부를 조직하게 되었다. 참의부에는 박응백朴應伯과 심용준沈龍俊, 최지풍崔志豊 등 천마산대 출신 인사들이 주요 간부로 선출되었는데, 천마산대 독립군 계열인사들은 주로 3중대에 편입되었다. 양세봉 역시 참의부에 참가하여 3중대의 소대장으로 임명되었는데, 이해 후반 평북 강계와 위원 일대에 잠입해서 일제 경찰과 교전하는 등 크게 용맹을 떨쳤다.

의군부와 참의부 세력이 이탈한 뒤 통의부는 크게 약화되었다. 이에

光復軍總營約章

大韓光復軍總營約章

第一章 名稱、宗旨及位置

第一條 本營은大韓光復軍總營이라命名함

第二條 本營은祖國을光復하며人權을平等히하기宗旨를定함

第三條 本營은漢城에總營을設하고各道郡에遊營을設하며各
要塞地에別營을設함
但時宜에依하야位置를變更함도得함

第二章 營員

第四條 營員의資格은如左함

광복군총영 약장

광정단 결사대원(김창현·김서운) 복장과 무기

통의부 주도세력은 환인현에 있던 본부를 한인들이 많이 거주하는 흥경현 왕청문으로 옮기고 각종 독립운동 조직을 규합하여 독립운동 계열을 재정비하려 하였다. 이에 군정서와 의성단義成團, 광정단光正團 등 9개 단체 대표 25명이 1924년 10월 중순에 모여 통합회의를 개최하고 새로운 통합기구로 정의부를 조직하기로 하는 등 4개 항을 결의하였다. 같은 해 11월 24일 정의부가 발족하고 이듬해 3월 정의부의 중앙 및 지방조직이 완성되었으며, 얼마 뒤에 군사부의 편제가 완성되었다. 1925년 7월 초에 일본 영사관이 파악한 정보에 따르면 이 무렵 양세봉은 왕청현에 주둔하고 있는 정의부 군사부 소속 의용군(독립군) 제5중대 제1소대장을 맡고 있었다.

정의부 중대장으로
군민대표회 참가

조선총독부와 중국 봉천 군벌의 만주 독립운동 세력 탄압

1925년 6월 11일, 중국의 봉천 군벌 장쭤린張作霖은 일본제국주의 세력에 굴복하였다. 그리하여 중국 봉천성 경무처장 우진于進과 조선총독부 경무국장 미쓰야 미야마스三矢宮松는 심양에서 「조선인 취체방법에 관한 중일 양측의 토의결정요강中日雙方商定取締韓人辦法綱要」, 즉 이른바 '미쓰야협정三矢協定'에 서명하였는데 그 구체적 내용은 다음과 같다.

조선 교민에 대해서는 '청향규약淸鄕規約'에 따라 호구戶口를 엄하게 조사하며 문패를 걸고 서로 감시하게 하며, 무기를 휴대하고 조선 경내로 진입하는 것을 엄금한다. 이 규정을 위반하는 자에 대해서는 체포하여 조선 경찰, 헌병에게 넘긴다. 조선독립당을 해산시키고 무기를 압수하며 조선 양세봉이 1926년 1월 26일 열린 정의부 군민대표회 대표로 활동하며 포고문을 발표하고 있는 사실을 보고하는 일본 정보문서(1926년 초)

경찰, 헌병이 지명한 조선독립당 우두머리를 체포하여 조선으로 보낸다. 중일 쌍방은 자주 정보를 교환한다.

이 협정의 영향으로 한인 독립운동 단체들은 무기를 휴대하고 압록강을 건너가 일본 군경과 싸우기 어렵게 되었다. 1920년대 중반 성립한 참의부·정의부·신민부 등 항일무장투쟁 단체들은 중국 군벌과 일본 군경당국이 수시로 간섭하고 체포하였기 때문에 중국 동북(만주) 각 지역에서 활동하는 데 큰 제한을 받게 되었다. 특히 1920년대 후반 만주 독립운동 세력은 중국 군벌정권과 지방 당국의 탄압으로 큰 어려움을 겪게 되었다.

그런데 이러한 상황에서 이상룡이 1925년 9월 대한민국 임시정부 국무령으로 취임하게 되었다. 이러한 임시정부 내각의 구성은 일면 만주 독립운동의 독자성뿐만 아니라, 군사통일회의·국민대표회의와 같은 일련의 통합과정을 거쳐 성립한 정의부 등 만주 독립운동 조직의 정통성마저 부정하는 측면이 있었다. 이때 임시정부 국무위원으로 선임된 이들은 취임하지 않고 자퇴했지만, 만주 독립운동의 주요 인물이었던 이들이 이 구상을 받아들여 임시정부로 간다면 만주 지역 독립운동은 상당한 타격을 받을 것이 분명했다. 특히 정의부 요인들은 정의부가 남만주 한인사회는 물론 중국에 있는 한민족을 대표하는 일종의 통합정부라고 자임하고 있었고, 당시의 대한민국 임시정부는 그 위상이 매우 약화된 시기였다. 이 때문에 1925년 7월 15일 개최된 정의부 제1회 중앙의회는 임시정부를 독립운동의 중심지인 만주 지역으로 이전하자는 타협안을 의결하기도 했던 것이다.

정의부 중대장으로 군민대표회 참가

양세봉이 언제 어떤 계기로 정의부 소속 독립군에 참가하게 되었는지 알 수는 없다. 대개 1924년 말에서 이듬해 초 정의부 독립군에 가담한 것으로 추정되며, 정의부가 많은 독립운동 세력을 규합하는 과정을 거쳤고 왕청문 일대를 주요 근거지로 활동하고 있었기 때문에 이와 관련

하여 이 조직에 참가했으리라 판단된다.

남만주의 참의부와 정의부, 그리고 북만주에서 1925년 3월 성립한 신민부는 각기 재만 한인사회를 바탕으로 상당한 기반을 구축한 뒤, 일정한 헌장을 제정하여 입법·사법·행정의 조직체계를 만들고, 이를 기초로 준자치정부적 기능을 수행하였다. 또 산하 무장조직은 독립운동 조직 자체는 물론 한인들의 권익과 생명을 보호하는 한편, 중국 동북 지역과 국내 각지를 넘나들며 치열한 독립전쟁을 전개하였다. 따라서 이러한 3부의 정립은 독립운동 세력의 통합 과정과 다양한 진보의 내용을 반영하는 것으로 종전보다 진일보한 양상을 보여주고 있다고 할 수 있다. 물론 1920년대 후반부터 사회주의 운동이 급격히 고양되면서 이 3부와 그 이후에 성립한 국민부 등을 '통치식 단체'로 매도하고 비판하는 경우도 있었다. 그러나 적어도 민족주의 계열 독립운동에 한정해 볼 때, 과거보다 진전된 모습을 보여주고 있는 것이 사실이다.

정의부는 출범 이후 상당 기간 남만주의 한인 교민들을 기반으로 실업 및 교육의 진흥, 중국 관헌에 대한 교섭과 기관지 발간 등의 각종 사업을 전개하는 한편, 남만주와 국내를 활동무대로 치열한 무장투쟁을 벌였다. 그런데 1925년 7월 정의부의 유력한 영도자인 이상룡이 상해 임시정부 국무령으로 선임되자 이를 둘러싸고 중앙행정위원회와 중앙의회 사이에 의견대립이 생겼다. 즉 행정간부들이 의회의 동의 없이 이상룡 내각의 임시정부 부임을 결정하고 그에 따른 경비를 지출했던 것이다. 이러한 사태는 같은 해 9월 상해로 간 이상룡이 오동진과 김동삼, 김좌진 등 만주에서 독립운동을 주도하고 있는 3부의 주요인물들을 임시정부 국무위원으로 구성한 데서 더욱 격화되었다.

중국 동북 지역 독립운동 명망가들의 임시정부 국무위원 취임문제를 둘러싸고 논란이 계속되는 가운데, 1925년 말에 열린 정의부 제2회 중앙의회에서는 의회 대원들이 중앙행정위원회에 대한 불신임안을 제출했다. 이에 맞서 중앙행정위원회도 의회를 해산하는 등 정의부에 큰 혼란이 생겼다. 정의부의 이러한 위기는 우여곡절 끝에 정의부 각 중대장 등 군의 대표와 중앙 및 지방의 각 대표들이 모여 1926년 1월 24일 임시기구이자 비상총회격인 군민대표회를 소집함으로써 어느 정도 극복되었다. 이때 양세봉은 정의부 의용군(독립군) 제2중대 대표 자격으로 회의에 참석하였다. 국민대표회는 이미 기능을 상실한 중앙조직과 별개로 대임위원회를 설치하여 중앙 상임위원회의 직무를 대신하고, 정의부 헌장을 개정하여 중앙 행정위원을 선거하였다. 결국 이 회의는 중앙의회의 권한을 대표하는 기능을 수행하며 정의부를 새로이 개편한 것이다. 그 결과 정의부는 공화정체共和政體를 뚜렷이 하는 준자치정부로 자리잡게 되었다.

양세봉은 동지들과 함께 정의부의 내분을 수습하는 한편, 이틀 뒤에 발표된 군민대표회의 성명서를 통해 독립운동 관련 단체와 주요인사들의 단결 및 재만한인 대중에 대한 '혁명의식' 고취를 강조하였다. 주목되는 사실은 이 대회에서 정의부의 대한민국 임시정부 탈퇴가 결의되어 임시정부에 반대하는 태도를 확고히 했다는 점이다. 군민대표대회 이후 정의부에서는 상대적으로 소장파와 서북 지역 출신 인사들의 영향력이 강화되었고, 또한 소속 독립군 장교들의 역할이 커지게 되었다.

1920년대 중반 남만주와 압록강 일대에서 활동한 참의부 지도자들과 독립군의 모습

이에 따라 제1중대장 정윤행 등 일부 강경파 인사들은 관할 주민들에 대한 의무금의 징수와 부호들로부터의 군자금 모집, 그리고 친일 주구배 처단 등 군사행동을 통한 일련의 강경투쟁 노선을 추구하였다. 그러나 1920년대 후반 중국 동북 군벌 당국의 재만한인에 대한 압박과 정책이 강화되고, 또 한편으로는 일제 당국과의 공조체제가 강화되고 있는 상황에서 이러한 강경투쟁 노선은 오히려 적의 탄압을 가중시키는 결과를 초래했다. 때문에 강경론자로 항일무장투쟁에 앞장섰던 정이형 등은 1926년 4월 장춘에서 중국 경찰에 체포되어 국내로 압송되고 말았던 것이다.

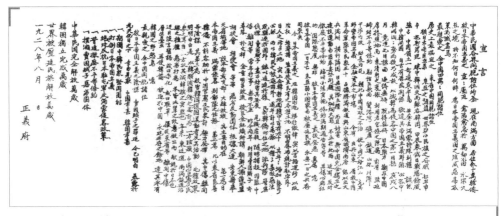

정의부 선언서(1928년 8월)

또한 정의부 내분과 군부세력의 부상은 재만한인들의 정의부에 대한 비판과 이탈을 가속화시켰다. 북만주 아성현阿成縣의 일부 한인들은 이해 4월 주민대회를 개최하고 탈퇴 성명을 냈으며, 주민들의 가장 절박한 문제인 생계 해결에 정의부가 뚜렷한 대책을 세우지 못하고 있음을 비판했다. 또 일부 한인들은 다른 지역으로 이주해 가기도 했다. 심지어 북만주 지역에서는 '하루살이단'이라는 단체가 같은 해 4월 1일자로 「소위 정의부 당국자에게 반성을 촉구한다」라는 성명서를 내서 정의부 행정위원회의 불신임 및 의회의 해산 등을 요구하고, 독립군 측의 의무금 및 군자금 징수를 비난하기까지 했다.

이러한 배경에서 정의부는 약화된 위상을 만회하고 민족운동의 역량을 결집하기 위해 1927년 중반부터 민족유일당운동 및 3부 통합을 주도하는 한편, 재만한인들이 당면한 과제를 해결하는 데 부심하게 되었다.

그리하여 1926년 11월 길림성 반석현磐石縣에서 중앙의회를 개최하여 그동안의 반목을 일신하고 간부진을 개편하였다. 이때 양세봉은 정의부 의용군 제1중대의 소대장으로 전임되었으나, 그의 역할에 큰 변화가 있는 것은 아니었다.

조선혁명군의 성립과
중국 동북 지역 민족유일당운동

양세봉은 1927년 2월 4일 정의부 의용군 사령장 오동진吳東振의 군명을
받고 제4중대장에 임명되었다. 이때 소대장 이영근과 윤정룡, 정사正士
조웅건 등 대원 20명을 거느리고 한인들이 다수 집거하고 있는 흥경현
(현재 신빈현)에 주둔하고 있었다. 그는 이후 정의부에서 주도하여 같은
해 4월에 개최된 민족유일당운동(3부 통합운동)에 정의부 독립군(의용군)
대표의 한 사람으로 선발되어 참가하게 되었다. 그는 이때 김동삼金東三·
오동진·현익철玄益哲 등 행정위원, 문학빈과 이웅李雄(본명 이준식), 김석하
金錫夏 등 중대장급 군사 인재들과 함께 회의에 참가하였다. 깊은 지식이
없는 그였지만 이런 기회를 통해 자기의 정치적 식견을 넓히고 독립운
동의 방법론과 추후의 진로 등에 대해 진지하게 생각해보는 기회를 갖
게 되었다.

중국 동북 지역의 민족유일당운동은 1927년 4월 15일부터 18일까

참의부·정의부 등 독립군과 조선혁명군이 넘나들던 압록강 상류 일본군 초소 유적(왼쪽 망루)

정의부 의용군 활동 보도 기사(『동아일보』 1927. 8. 22)

지 길림吉林 신안둔新安屯에서 정의부 주도로 민족유일당 촉성을 위한 제 1회 각 단체 대표자회가 개최됨으로써 본격화하였다. 그러나 이 회의는 대표의 자격문제와 유일당(가칭 '조선혁명당')의 강령 초안을 놓고 의견이 분분하여 논의를 진전시키지 못하고 임시조직으로 '임시연구회'를 조직한 채 폐회되었다. 이러한 유일당운동은 1920년대 중반 중국 관내 지역에서 전개된 대독립당 촉성(민족유일당)운동과 밀접하게 연계되어 추진되었다.

한편 정의부에서는 1927년 9월 중앙회를 개최하고, 이 회의에서 군사문제에 대해서도 토의하였다. 주목할 점은 이때 정의부 의용군의 명칭을 '조선혁명군'으로 개칭했다는 사실이다. 이는 정의부가 보다 더 적극적으로 항일무장투쟁을 전개하고자 하는 목표를 확고히 했음을 나타낸다고 하겠다.

특히 정의부 의용군 사령관에 취임한 오동진은 1927년 3월경 "군인들 중에 관할구역 내 교포들을 상대로 민사 또는 형사에 속하는 일을 해결해준다고 하여 신성한 의용군의 명예와 위신을 떨어뜨리고, 독립운동을 직접 앞장서 실천하는 의용군 독립군 전체에 큰 수치를 안기는 타락한 행동을 하는 자들이 있다"고 크게 질책하였다. 또 그들의 행동을 엄정하게 단절시키지 않으면 정의부 의용군은 어느 때고 위신을 회복할 수가 없음을 지적한 뒤, 의용군 장교와 병사 등 군인들이 민사·형사 관련 일에 간섭하지 말 것을 강조하는 '포고문'을 발표하였다.

더욱이 주목되는 사실은 정의부 의용군 제4중대장이었던 이규성李圭톼은 군기를 문란케 하고 직무를 해이하게 처리했다는 이유로 면직하고,

그 대신에 양세봉을 중대장으로 승진·임명하는 조치를 취한 사실이다. 당시 제5중대 소대장이었던 주하범朱河範 역시 직권 남용 혐의로 면직되었다. 이로 볼때 양세봉은 독립군 지휘관에 합당한 모범적 자세로 본분에 충실한 활동을 전개하고 있었음을 확인할 수 있다.

정의부는 1차 회의 이후인 같은 해 8월 하순부터 9월에 걸쳐 길림현 동도구東道溝에서 4회 중앙의회를 열고 당면한 시국 문제를 논의하였다. 이 회의에서 정의부와 신민부·참의부의 합동을 적극 추진키로 하는 한편, 유일당의 완성을 지속적으로 촉구하기로 결의했다. 그리고 주민의 생활향상을 위해 자치를 활성화하고 정의부의 제도를 개편하여 혁명운동(독립운동)과 자치기관(산업 및 교육운동)을 분리하며 주민에 대한 교육을 장려하는 등 교화와 생활의 안정을 도모하기로 했다. 또 정의부 의용군 독립군을 '조선혁명군'으로 개칭하고 부대를 교양·전투·지방의 3종으로 분류하며 교양병 60명, 전투군 30명, 지방군 30명을 각 지방에 배치하기로 결정했다. 이때 양세봉은 여전히 20여 명의 직속 병사들을 거느린 제4중대장의 직책을 수행하고 있었다.

당시 정의부를 비롯한 3부의 예산 가운데 군사비의 비중은 컸다. 정의부의 경우 1927년도 예산안 14만 6,158원 가운데 56%인 7만 2,000원이 군사비로 기록되었다. 특히 이 가운데 80%가량인 5만 7,540원이 대원 140여 명의 봉급으로 지출되어 인건비(1인당 평균 411원)가 차지하는 비중이 매우 컸음을 알 수 있다. 신민부는 정의부보다 다소 낮은 47%가 군사비로 지출되었다. 이는 정의부와 신민부 등이 독립군 부대 또는 자위조직을 유지하는 것을 주요 현안 사업으로 간주하고 있음을 뜻한다. 따라서 양세봉 등 독립군부대 장교들의 영향력과 역할이 크고 그 책임이 자못 중대했다고 할 수 있다.

그러나 한편으로 이러한 사실은 정의부 등 민족주의 계열 독립운동 조직들의 구조적 취약성을 반증한다. 왜냐하면 이 시기 정의부 등 독립운동 조직 당사자들은 대부분 중국인 지주의 소작농으로 존재하며 곤궁한 생활을 영위하고 있던 관할지역 주민들에게서 상당한 액수의 의무금과 군자금을 징수하지만, 위에서 본 것처럼 그 용도의 태반이 독립군 장병들과 정의부 관련 간부들의 인건비로 지출되고 있었기 때문이다. 이는 특히 후일 해당 지역의 일부 주민들과 공산주의 계열 조직에게, 민중을 착취하고 억압하는 '통치식 체제'라고 매도될 수 있는 설득력 있는 근거가 될 수 있었다. 하지만 1930년대 중반 '혁명(독립)전쟁'이 한창일 때는 이와 반대로 예산 가운데 무기 구입비 비중이 절대적이었고, 지위에 따라 그에 합당한 계급이 부여되었으나 장병들의 급료는 일체 지급되지 않았다. 글자 그대로 '의용군'이었던 것이다.

이와 같이 정의부를 비롯한 신민부와 참의부 등의 3부 통합운동과 민족유일당 수립운동이 활발히 전개되고 있을 때인 1927년 12월과 이듬해 1월 하순 정의부 의용군(조선혁명군) 사령관 오동진과 신민부 중앙집행위원 김혁, 총리부 위원장인 유정근 등 10여 명이 잇달아 체포되는 불상사가 일어났다. 때문에 3부 지도자들은 위기의식을 느끼고 국내외에서 전개되고 있던 민족유일당 운동 및 신간회 운동의 대세에 부응하여 여러 독립운동 단체들을 통합하여 공동으로 대응해야 할 필요를 절감하게 되었다.

이에 따라 중국 동북 지역에서도 민족유일당운동은 1928년 2월 3일 영고탑寧古塔에서 열린 3부 간부들의 회동, 5월 12일부터 26일까지 반석과 화전樺甸에서 열린 18개 단체대표 39명이 참여한 '민족유일당촉성회의' 등을 통해 꾸준히 추진되었다. 그러나 이러한 통합 노력에 참여하였던 여러 단체와 주요 인물들은 자신들이 처한 이해관계와 단체의 입장에 따라 통합조직의 방법론을 둘러싸고 의견을 달리하였다. 그 결과 촉성회의는 정의부를 중심으로 하는 '전민족유일당협의회파'와 조선공산당 만주총국 계열의 남만청년총동맹 등 소규모 단체를 중심으로 한 '전민족유일당조직촉성회파'로 크게 분열되었다. 양세봉은 이해 5월의 회의 때 정의부 대표의 한 사람으로서 협의회파에 가담하여 정의부를 중심으로 한 단체중심론을 주장하며 민족유일당의 수립을 적극 주장하였다.

1920년대 후반 만주 독립운동의 흐름과 조선혁명당·국민부 내분 극복

국민부의 성립과 활동

중국 동북 지역에서 민족유일당을 조직하기 위한 1928년 5월의 회의가 촉성회파와 협의회파로 양분된 이후, 양 파는 각자 다른 방법으로 '유일 당'을 조직하고자 하였다. 협의회파는 민족유일당의 완성을 위해 '재만 운동단체협의회'를 조직하기로 한 뒤, 다시 같은 해 9월 '민족유일당조 직동맹'(대표 현익철玄益哲, 김이태金履大)을 결성하였다. 이 동맹은 정의부계 인사들이 주류를 이루었지만 신일룡과 김찬金燦(당시 가명 황기룡) 등 공산 주의자들이 중앙집행위원회 위원을 맡는 등 주요 간부로 참여하고 있었 고, 강령에도 공산주의적 요소가 내포되어 있었다. 강령 가운데는 "일본 제국주의를 박멸하고 정치적·경제적 일체 생활 평등한 신국가를 건설하 며 민족유일당을 조직할 것을 동맹함", "세계 피압박 민족과 무산계급

3부 통합회의가 열렸던 부흥태정미소 자리(중국 길림성 길림시 하남가 289호)

3부 통합회의가 열렸던 신안둔 원경(중국 길림성 영길현 태평향)

의 해방운동과 연합전선을 취할 것"이라는 내용이 명시되었다.

현익철, 현정경, 이웅 등 민족유일당조직동맹 및 정의부 주요 인사들은 1929년 4월 1일 이금천 등 신민부 민정파 인사들 및 심용준 등 참의부 대표들과 3부 통일에 관한 비밀회의를 개최하였다. 그 결과 합작에 대한 논의가 원만히 진행되어 마침내 통합기관으로서 국민부를 출범시키게 되었다. 같은 해 5월경 3부의 사무가 인계됨으로써 정의·참의·신민부는 해체되기에 이르렀다. 물론 이에 반발하는 정의부 탈퇴 인사들과 신민부 군정파, 일부 참의부 인사들이 연대하여 북만주에 같은 해 5월 혁신의회(7월 이후 한족韓族총연합회로 개편)를 세웠음은 잘 알려진 사실이다. 제한된 범위에서나마 3부 통합의 형식으로 남만주에 국민부가 성립함에 따라 정의부에 소속되어 있던 의용군(조선혁명군)은 신민부 및 참의부 부대와 통합되어 국민부에 소속되었고, 이에 따라 군제 개편이 불가피하게 되었다.

따라서 국민부는 1929년 5월 28일 제1회 중앙집행위원회를 개최하여 국민부 간부를 선임하고 조선혁명군 지휘관과 주둔 지역 등을 조정하였다. 이때 양세봉은 군사정치위원 겸 조선혁명군 제3대장으로 선출되었고, 화산樺山 및 환인현 동반부를 담당하게 되었다. 사실상 조선혁명군은 정의부 의용군이 주축이었다. 7월경 조선혁명군은 13개 대에서 10개 대로 편제되었고, 남만주 지역은 물론 길림·액목額穆·오상·회덕현 등 길림성 북부 지역까지 세력 범위로 잡혀 있었다. 정확한 부대 규모를 알 수는 없으나, 대개 1대가 20명 내외였던 점을 감안하면 전체 병력은 200여 명 정도로 추측되며 많아도 300명 미만이었을 것으로 판단된다.

양세봉은 1929년 5월 조선혁명군 제3대장 명의로 다음과 같은 경고문警告文을 주위에 발표하고, 독립운동을 치열하게 계속할 의지를 굳건히 표명하였다.

우리의 독립정신은 확고하며, 지구는 돌아도 우리의 혁명사상은 전혀 변함이 없다. 왜놈들아(적이여)! 보아라! 전 세계의 대세는 어떻게 변천하며, 시대의 사조는 어떻게(如何히) 향상되어 자유 절규의 공산운동, 독립, 위세威勢가 나타나고, 어떻게 오늘까지 이르는지를! 실로 천하 하물何物, 누구도 이를 제지하지 못할 것이다. 이 독립의 기회를 일찍 포착한 우리 민족은 일찍이 우리 조선이 독립국임을 세계 만방에 선언하고, 적에 대하여 선전포고를 한 이래 10여 성상星霜을 단 하루도 쉬지 않고, 앞에서 죽어도 뒤에서는 (독립운동을) 계속하여 최후까지의 결심으로 혈전을 계속하고 있다. 어떤 나라, 어떤 국민을 막론하고 우리와 생활을 동일하게 하고, 지위와 환경을 동일하게 하는 세계 피압박 민족 및 무산대중이 동일한 입장에서 몹시 절실한痛切한 이유로 함께 분발共奮하는 바이다. 이에 반동反動하고 있는 강도 일본제국주의는 최후 발전 단계에서 자체의 모순을 드러내 서서히 몰락沒落 과정을 거칠게 드러내고 있다.

– 기원 4262년 5월 조선혁명군 제3대장 양세봉

이 경고문은 비록 참모들의 도움을 받아 작성한 것이지만, 당시 양세봉을 비롯한 조선혁명군 제3대 장병들의 투철한 각오와 뛰어난 국제정세 인식을 잘 보여주고 있다고 평가할 수 있다. 불과 2년여 뒤에 일본은

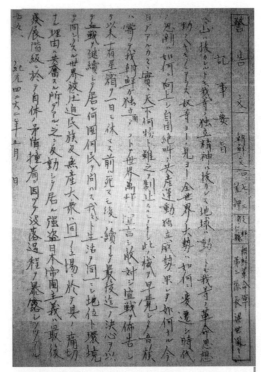

양세봉이 조선혁명군 제3대장 명의로 발표한 경고문(1929년 7월 초 압수됨) 일본 당국이 일본어로 번역한 것이다.

9·18사변을 일으켜 만주를 침략하고, 1937년 중일전쟁까지 일으켜 스스로 파멸의 길을 걷게 되었던 것이다.

한편 국민부는 1929년 4월 초 제정된 헌장 1조에서 '본부는 국민정부로 칭함'이라고 하여 관내의 대한민국 임시정부와는 별개로 자치정부를 표방하고 있었다. 물론 그해 말경 국민부가 합법적 자치문제를 폐기하면서 '정부' 명칭은 삭제되고 말았지만, 적어도 초창기에 이 조직이 재만한인을 바탕으로 준자치정부 역할을 수행하고 있었음을 알 수 있다. 실제로 1929년 말까지 교민 자치조직인 국민부와 지도정당인 조선혁명당, 그리고 자위조직이자 독립군인 조선혁명군이 신빈현 왕청문으로 옮겨온 뒤에 이곳을 남만주 한인 교민僑民정부의 '수도'로 인식하고, 당시의 많은 현지 동포들이 신빈(흥경)현 일각과 왕청문 일대를 '서울'로 불렀다는 일화가 지금도 전해온다. 따라서 조선혁명당의 지도를 받는 국민부와 이에 소속된 조선혁명군도 이에 상응하는 정치의식과 나름대로의 정통성을 자부했을 것으로 추정된다. 이는 1929년 12월 20일 발표된 조선혁명군 선언서를 통해서도 확인할 수 있다.

양세봉의 친일파 척결 투쟁

국민부와 조선혁명군이 출범한 초기에 당면한 과제는 여러 가지가 있었지만, 친일 주구走狗단체로 세력을 확장하고 있던 '선민부鮮民府'를 파괴하고 일제 침략에 부화뇌동하는 주구배들에게 일격을 가하는 일이 긴급하였다. 이러한 사실은 1929년 1월 '민족유일당조직동맹'으로 추정되는 단체가 '한국독립당' 명의로 발표한 '충고동삼성 관공리문忠告東三省官公吏文' 선언, 또 그해 7월 국민부 중앙집행위원회에서 발표한 선언, 조선혁명군교단朝鮮革命軍校團에서 배포한 격문에서 한결같이 '선민부의 박멸'을 제1의 당면과제로 지적하고 있는 사실을 통해 확인할 수 있다. 선민부는 한교동향회라고도 하는데, 종전에 참의부 간부였던 김소하金筱夏(본명 장기초張基礎)·김선풍金旋風과 김영제·한의제(본명 박창해) 등이 통화의 일본

영사관에 투항한 뒤 1928년 12월 초에 조직한 대표적 주구 단체로서, 남만주 독립운동에 많은 피해를 입히고 있었다. 이 때문에 1929년 1월부터 참의부에서는 성명서를 내고 선민부의 격멸을 외치고 있었던 것이다.

이에 국민부에서는 선민부를 제거하기 위하여 '선민부 토벌지휘부'를 설치하고 총사령관에 이웅, 부사령관에 양세봉을 임명한 뒤 일대 토벌작전을 벌였다. 이웅과 양세봉 등 지휘부는 우선 피해가 큰 통화 및 환인, 집안, 관전현 등지의 선민부 조직을 제거하기로 하였다. 이에 농민들을 동원하여 중국의 현공소縣公所에 이들 주구배들의 행패를 항의하게 하고, 다른 한편으로는 직접 무장대를 파견하여 기회를 엿보아 직접 처단하도록 하였다. 또 10월에는 사령관 이웅 명의로 안동의 응원단과 동아보민회, 흥경현의 한교韓僑동향회, 만주 각지에 있는 조선인회 등 친일 반동단체를 격멸한다는 취지서를 발표하여 친일주구배와의 투쟁을 공표하였다.

한편 양세봉은 1929년 9월 중·하순경 환인현 일대 농민들과 연계하여 항일시위운동을 주도하였다. 특히 9월 24일 환인현 읍내 부근에서 일본 통화영사관의 고토近藤眞藏 순사 일행이 친일단체 한교동향회원들과 함께 한인 반일민중대표 4명을 압송해가는 사실을 알고, 이들을 석방시키기 위해 주위의 한인 농민들에게 호소하였다. 그 결과 무려 600여 명에 달하는 한인들이 길목에 매복하고 있다가 지나가는 이들을 둘러싸고 항일시위를 일으켰던 것이다. 다만 일본경찰의 발포로 한인 2명이 사망하고 4명이 부상을 입는 피해가 발생하여 한인 농민들은 포위를 풀고 물러나고 말았다.

1920년대 독립군 탄압을 위해 출동하는 일본군

　이에 양세봉은 조선혁명군을 동원하여 고토 순사 등을 응징코자 하였
다. 9월 28일 환인현 괴마자拐磨子에서 중국 지역 경찰대와 함께 마차를
타고 출발하는 고토 일행을 남강南崗 산록 중턱에서 기다리고 있다가 포
위하여 기습 사격을 가하였다. 그러나 중국인 괴마자 경찰국장의 보호
와 중재로 고토 순사는 빠져나가고 말았다. 양세봉은 중국인 경찰국장
의 중재를 순순히 받아들였다. 독립군과 중국 지방경찰이 서로 싸울 이
유가 없기 때문이었다.

　이후 9월 29일 양세봉이 지휘하는 조선혁명군은 환인현과 통화현 사
이의 강산령崗山嶺 일대에서 중국 환인현 공안국장이 지휘하는 군경 혼성
부대 100여 명과 일본 통화영사관 경찰 130명 합동 토벌대와 공방전을

벌였다. 하지만 중국 경찰은 일본영사관의 항의로 반강제적으로 '토벌'에 참가한 것이었다. 또한 중국 환인현 공안국장은 조선혁명군과 국민부 등 한국 독립운동 단체들에 대해 동정적이었으므로, 적극적으로 공격하지 않았다. 이에 양세봉도 중국 군경과는 싸우지 않고 회피하는 전략을 써서 부대를 산속으로 철수시켰다.

이러한 사실을 목격한 일본 통화영사관(분관) 담당자는 조선혁명군의 질서정연한 행동을 다음과 같이 경탄스런 시각으로 서술하여 상부에 상세히 보고하였다.

(1929년 9월) 29일에 이르러 환인현으로부터 앞에 말한 포병대에 합한 약 100명의 순경 및 통화현으로부터 약 130명의 순경대를 출동시켜 오후 6시경부터 강산령崗山嶺을 포위하고 불령단不逞團(조선혁명군에 대한 비하 명칭)의 토벌을 감행하였으나, 때는 이미 늦어 불령단은 2대로 나뉘어 그 중 1대는 흥경興京 방면으로 1대는 환인현 사도구四道溝 방면으로 퇴각하여, 결국 토벌의 목적을 이루지 못하였으므로 고토近藤 순사 일행은 일단 철수하여 30일 오후 2시 귀관하였다.

이번 불령단은 흥경현 내에 근거를 둔 국민부임은 사실이며, 습격 후 현장에서 2개 소에 집합한 것으로 보아 150명은 확실하고 합계 300명에 달할 것이며, 이들 중에 농민도 섞였을 것으로 보였으며, 그 후 조사한 바에 의하면 왕청문 및 부근에 잔재한 무장단에 재향 군인이라는 것을 급히 소집한 사실이 있었다.

그리고 이들은 앞에서도 기술한 바와 같이 중국 군병과 동일한 복장으로 장총 또는 권총을 휴대하고 그 행동, 규율이 정연하여 마치 군대의 동작과 조금도 틀림이 없었고, 또 그들의 퇴각 후 산령 일대를 수색한 바 참호를 시설하고 이에 의지하여 사격한 형적이 있었다. 가도(길) 양편 산위로부터 후미진 곳으로 통하는 도로를 통행하는 고토 일행을 저격하는 데 극히 유리한 지형을 얻은 것으로 그 행동이야말로 실로 기민하였다고 한다.

조선혁명군이 여느 정규군대와 다름없는 군복과 무장을 갖추고, 상당히 우수한 전술을 폈음을 알 수 있다.

이 무렵 양세봉은 일제 침략의 아성인 통화 소재 선민부 본부를 박멸하기 위해 11월 하순 강옥성姜玉成과 장도백(일명 장명도) 두 사람을 대장으로 하는 소분대를 파견하여 야간에 선민부 본부를 기습하였다. 그 결과 이들은 악질 순사로 악명높던 문영선文永善을 사살하는 등 간부 대부분을 숙청하는 쾌거를 이룩하였다.

이러한 친일 주구배의 응징은 큰 효과를 보아 1929년 후반기부터 선민부원의 탈퇴가 속출했다. 또 이듬해 2월 9일 선민부는 일본영사관의 양해를 구한 뒤 허위 '반일선전문'을 배포하지 않으면 안 될 정도로 큰 타격을 받았고, 유명무실한 지경이 되고 말았다. 양세봉은 이러한 투쟁을 통해 그의 명성을 확고히 하게 되었다.

조선혁명당의 성립

국민부는 1929년 9월 20일부터 며칠간 제1회 중앙의회를 개최하여 장

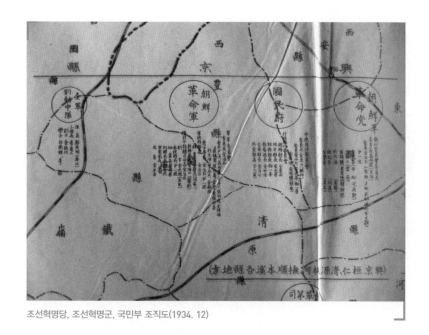

조선혁명당, 조선혁명군, 국민부 조직도(1934. 12)

래의 방침을 결정하고 3부 통일회의에서 제정한 강령 및 헌장의 일부를 개정하였으며, 중앙간부를 선거하였다. 이 회의의 주요 내용은 1920년 대 후반의 정의부에서 그러했던 것처럼 '혁명'과 '자치'를 분리하여 혁명사업은 민족유일당조직동맹에 위임하고 국민부는 한인 교민의 자치행정을 전담하며, 국민부 중앙기관 중 군사부를 폐지하여 조선혁명군을 민족유일당조직동맹에 속하게 한다는 것이었다. 국민부 의결기관이자 일종의 국회 기능을 수행하는 중앙위원회의 결의에 따라 국민부는 정식으로 출범하게 되었다. 국민부는 중앙기관에 공안부를 두고 각지 중요 지점에 경호국警護局 또는 경호분국을 두어 치안과 경찰 업무를 맡게 하였다.

　같은 해 12월 20일, 민족유일당조직동맹의 발전적 형태로 '조선혁명당'이 창건되었다. 이 당은 중국 동북 지역의 '민족유일당'은 아니었지만, 창건 초기에는 남만주의 주요한 민족주의 계열 인사들이 참여함은 물론, 일부 공산주의자들도 참여하고 있어 제한된 범위에서나마 유일당의 성격을 띠고 있었다. 따라서 조선혁명당은 남만주 일대의 유력한 독립운동 정당으로서 '이당치국以黨治國'의 원칙에 입각하여 '혁명운동(독립운동과 반봉건투쟁)'을 전개하게 되었다.

조선혁명당원 차명기

　당원은 대개 국민부와 조선혁명군 가운데서 선발되었다. 이 당은 남만주 한인사회의 준자치행정기관인 국민부와 무장조직으로서 군사임무를 전담하는 조선혁명군과는 거의 이명동체異名同體 관계를 유지하며 국민부와 조선혁명군을 영도하였다. 적어도 제도적으로 1930년대 초까지는 조선혁명당의 자치위원회 산하에 국민부가 편제되어 있었고, 이후에도 조선혁명당의 영향은 양 조직에 크게 미치고 있었다. 따라서 사실상 1930년대 전반 국민부와 조선혁명군의 반제국주의·반봉건투쟁은 거의 조선혁명당의 활동으로 범주화할 수 있다.

　조선혁명군은 조선혁명당이 창건될 때 결의에 따라 7개 대隊 체제로 크게 개편되었다. 이때 조정된 조선혁명군의 주둔지를 보면 동만주東滿 (연변) 지방이 새로 추가된 반면, 종전에 부대가 있었던 길림·액목額穆·

오상五常 등 북방 구역이 세력 범위에서 제외되었다. 그 이유는 비슷한 시기에 북만주의 위하·오상 일대에서 성립한 한족총연합회와 생육사生育社 등이 그곳을 기반으로 활동하고 있었기 때문이다. 또 동만주 지방이 새로운 주둔지로 편입된 것은 이곳에 많은 한인들이 거주하고 있었기 때문이다.

그러나 이 지역은 1930년 이후 공산주의운동 세력이 크게 확산되었으므로, 조선혁명군으로서는 활동하기가 쉽지 않은 지역이었다. 조선혁명군 각 부대는 중앙이나 한 지역에 집중되어 있지 않았다. 재만한인들의 어려운 경제사정으로 충분한 보급을 지원할 수 없었고, 넓게 흩어져 존재하는 재만한인의 보호와 각 지역에서의 독립전쟁 수행, 의무금 징수 등 다른 필요성도 있었기 때문이다.

이때 각 부대의 대표자가 조선혁명당의 군사위원으로 선임되었으며, 이들로써 군사위원회가 구성되었다. 양세봉은 부사령관으로 선임되었는데 총사령관은 이진탁, 참모장은 이웅이 선출되었다. 이진탁과 이웅은 모두 중국 정규 군관학교를 졸업한 엘리트 장교였다. 특히 이웅은 중국 남방의 운남강무학당을 졸업하고 1921년에 독립운동에 투신, 통의부 등 독립운동 조직에서 독립군 장교로 활동해온 수재였다. 따라서 사실상 정규학력이 없는 양세봉이 부사령관을 맡은 것은 일대 충격이자 '사건'이 아닐 수 없었다. 이는 양세봉의 투철한 조국애와 독립운동에 대한 헌신, 강한 리더십과 성실성 등을 주위에서 인정한 결과였다. 당시 일본 통화영사관 경찰의 조사에 따르면, 그해 말 조선혁명군의 부대 규모는 300여 명에 달했다고 한다.

조선혁명군은 1929년 12월 20일 선언서를 발표했다. 그런데 같은 날짜에 발표된 조선혁명당의 선언서와 비교해 볼 때 상대적으로 온건한 내용을 담고 있었다. 주목되는 사실은 이 시기 양세봉이 부사령관의 중책을 맡아 독립전쟁의 선봉장 역할을 하고 있었지만, 이 선언서에서 조선혁명군이 이주한인의 보호와 친일파 소탕, 일제기관의 파괴는 물론 '악질 부호'를 응징해왔다고 밝힌 점이다. 이는 정의부 의용군을 계승한 이 부대가 국내로 침투하여 주로 (친일적) 부호를 처벌하거나 군자금(또는 의연금)을 모금했으나, 일정하게 반봉건투쟁 및 활빈 활동을 전개한 사실을 가리킨다. 왜냐하면 필요하다고 인정될 때 전상戰傷 동지와 유족, 혹은 가난한 농민들에게 부호들로부터 징수한 자금이나 식량을 분배하는 사례가 적지 않았기 때문이다.

조선혁명군의 변천과 양세봉의 활약

조선혁명군은 조선혁명당의 정치적 이념을 구체적으로 실현하기 위하여 1929년 말 조선혁명당 창립 시의 결의에 따라 그 조직과 내용을 크게 개편하였다. 조선혁명군은 창립 시 활동 목적을 분명히 하고, 조선혁명군의 성립을 주위에 널리 알리기 위해 선언서를 발표하였다. 그 요지는 다음과 같다.

조선혁명군은 우리 운동의 발전적 조직과정에서 지금 자치기관인 국민부와 분리하고 혁명군의 독립적 기치旗幟를 선명히 함과 동시에 과거의 경로

를 회고하고 장래의 정략政略을 확
립하여 조선혁명의 군사적 임무를
극복할 것을 전全 조선 노력대중勞
力大衆과 혁명동지에게 선언한다.

내적 모순과 외적 충돌에 의하여
멸망의 길목에서 최후의 발악을 하
고 있는 일본제국주의는 식민지 쟁
탈의 제1보로서 조선을 강점하고
다시 만몽滿蒙에 진출하여 원료 후

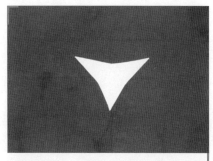

조선혁명군 군기　　청색 바탕에 흰색 별을 그려 놓았
다. 가운데 삼각형 별은 당·정·군을 상징한다.

비지後備地를 무한히 확대하려는 필사적인 폭행을 하고 있다. …

조선혁명군은 1920년 가을 일본군대의 재만조선인在滿朝鮮人 대학살사변
이 있은 후에 그 여세를 몰아 전만주의 생살生殺하는 보민회保民會·조선민
회 등 주구배를 박멸 소탕하고 그 야수적 횡포 아래 신음하는 재만조선인
을 구출하고 국내에 진공하여 헌병소·경찰서·금융조합·채목공사採木公司
와 군청 면사무소 등을 파괴하고 일본의 관공회官公會와 악랄한 부호 등을
응징하고 재만조선인의 생활질서를 보증하는 등 악전고투 40수년, 부단
한 노력으로써 수많은 희생을 내고 오늘에 이르렀다. …

이에 우리 혁명군은 과거의 경로經路에 비추어 이제부터 행동을 취함에
군사적 조직은 독립적 체제를 취하고 내부적 편성은 정예 치밀함을 필요
로 한다. 그리고 중앙의회의 결의로써 국민부國民府는 순전한 주민자치단
체로 변체하고, 우리는 엄연 분립하여 혁명운동에 대한 군사적 역할을 전
적인 임무로 하여 현단계에서 보면, 제1, 재만조선인 대중에게 혁명의식

을 주입하며, 군사학술을 보급시켜 혁명전선의 기본진영을 확립하고, 제
2, 정치학식과 군사기능이 실제 단체의 정치운동에 적임될 수 있는 기간
인재를 양성하고, 제3, 국내·국외에서 일본제국주의에 대한 정치적·경
제적 건설을 파괴하고, 그 주구배의 기관을 소청掃淸하고 기타 일체 반동
적 악세력惡勢力을 박멸하기로 하고, 용감하게 전진하여 대중의 당면 이익
을 옹호하여 강력한 투쟁을 전개하고자 한다.

– 1929년 12월 20일 조선혁명군

국민부와 조선혁명군은 조선혁명당의 지도 아래 주민자치 임무와 혁
명(독립)운동 일환으로서의 군사적 임무 수행을 분명히 구분하게 됨에 따
라 조선혁명군은 오로지 군사 활동에만 전념하게 되었다. 이때 양세봉
은 조선혁명군의 부사령관을 맡았으므로 그의 사상과 이념, 이상, 활동
목적 등을 어느 정도 선언서에 반영했을 것으로 보인다. 따라서 그는 이
선언서에 반영된 목적에 동조하고 그의 실천에 적극 노력하게 되었다.

양세봉은 1930년 8월 8일 국민부 근거지에서 조선혁명당 중앙집행
위원회가 소집되었을 때 위원의 한 사람으로 이 회의에 참가하였다. 그
런데 국민부와 조선혁명군의 진로를 둘러싸고 내부 주요 구성원들 사이
에 일대 격돌이 벌어졌다. 좌파 계열 인사들은 조선공산당 재건설만주
부와 중국공산당 만주성위원회에 가입했거나 연계를 맺어 국민부 및 조
선혁명당이 민중을 떠난 반동기관이기 때문에 두 조직을 해체해야 한다
고 주장하였다. 그러나 현익철과 양세봉 등은 이에 반대하고 두 조직을
옹호하여 종전과 같이 독자적 조직을 유지한 채 독립운동을 적극 전개

중국 관전현 당국에서 세운 양하산 기념비　하산 양기하는 1932년 2월 10일
압록강을 건너온 일본 경찰의 기습공격으로 전사하였다.

해야 한다고 보았다.

　현익철·양세봉·고이허(본명 최용성崔龍成)·김문거(본명 김창헌金昌憲)·양
기하 등은 국민부를 적극 지지하고 조선혁명당의 위원회에서 결정한 사
항의 실행을 주장한 반면에 고활신(본명 고영高榮)·김석하·이진탁(본명 이
탁李鐸)·이웅·현정경·이동림 등은 그에 반대하고 국민부와 조선혁명당
의 해체 및 조선혁명군의 적위군 편성, 농민협회 조직을 주장했다. 그러
나 현익철·양기하·양세봉 등 조선혁명당·군·국민부 옹호파에 의해 국
민부의 적극 유지, 조선혁명군의 5개 중대제로의 개편 등이 결정되었다.
즉 군을 5대隊로 나눈 뒤 1대의 군인을 30명씩으로 하여 중대제로 할 것
을 결정했고, 제1중대장에 김보안, 제2중대장에 양세봉, 제3중대장에
이윤환, 제4중대장에 김문거, 제5중대장에 이종락(본명 이정락李貞洛) 등이

양세봉 등과 대립하다 축출된 이웅
후일 좌파와 결별하고 한국광복군에
합류하여 크게 활약하였다.

국민부 위원장 현익철   철저한 민족주의자
로, 국민부와 조선혁명당·조선혁명군을 적극
옹호, 유지하였다.

인선되었다. 하지만 이 결정은 국민부 지지파와 반대파의 충돌로 이종
락이 조선혁명군에서 이탈하면서 상당한 변동이 있게 되었다.

양 세력의 의견 대립은 급기야 무력충돌로 번져 그해 10월 초 좌파의
공격을 받은 김문거가 피살되고, 같은 달 하순에는 반대로 좌파 인사 이
진탁이 사살되고 현정경이 체포되는 등의 유혈사태가 일어났다.

이러한 상황에서 양세봉은 휘하 대원들을 지휘하여 조선혁명군 사령
관으로 재직하고 있던 상관 이진탁 등을 사살하는 비극에 앞장서야 했
다. 특히 이때 현익철 등 국민부 옹호파는 당시 중국 동북 지역을 지배
하고 있던 장쉐량張學良 군벌정권과 결탁하여 반대파를 제거했기 때문에
적지 않은 문제를 일으켰다. 결국 양세봉은 조선혁명당과 국민부, 조선

혁명군 등 일련의 독립운동 조직을 좌익조직으로 개편하고자 도전했던 공산주의 계열 인사들을 축출하는 데 주도적인 역할을 함으로써 조직을 지킬 수 있었다. 이를 계기로 일정하게 좌·우파 연대 정당의 성격을 띠었던 조선혁명당도 민족주의자들 일색으로 구성되는 한계를 보이게 되었다. 그러나 이 때문에 표면적으로 당의 이념에 큰 변화가 있었던 것은 아니다.

이러한 내부 갈등으로 조선혁명군 총사령 자리가 공석이 되고, 한편으로는 북만주 지역에 근거를 두고 활동하고 있던 이종락 등 좌파 인사들이 그해 8월경부터 '조선혁명군길강지휘부朝鮮革命軍吉江指揮部'를 조직하여 이탈하는 등의 위기 상황이 초래되었다. 이에 양세봉 등 조선혁명군 지휘관들은 1930년 10월 하순 신빈현에서 회의를 열어, 국민부 집행위원장 현익철을 조선혁명군 총사령으로 선임하고 부대를 재정비하였다. 이와 같은 일련의 과정을 거치며 조선혁명군에서도 좌파 인사들이 제거됨으로써 이 독립군 부대는 조선혁명당 및 국민부의 영도와 후원을 받으며 1934년 중반까지는 대체로 뚜렷한 반공 성향을 보였다. 이 과정에서 양세봉은 우파를 대표하여 좌파와 맞섰고, 좌파들에게 지탄의 대상이 되었다. 조선혁명군 참모장을 지낸 김학규金學奎는 후일 "좌익들은 조선혁명당 책임자 현익철, 총사령 양세봉, 그리고 참모장인 나를 3대 살인 반동 영수라고 불렀다"고 회고하여 당시의 심각한 좌우갈등 양상을 증언했다.

조선혁명군 내부에서도 좌·우파의 갈등이 컸지만, 조선혁명군은 창건 초기부터 1931년 9·18사변(만주사변) 이전까지는 주로 선민부와 같은 일제 주구기관의 파괴와 친일파 처단, 국민부 의무금이나 영업세 징수 및 군자금 모집, 독립군 모병, 그리고 일제 관헌의 처단과 반공투쟁 등의 활동을 전개하였다. 물론 이 시기에도 국내 침투공작을 통한 군자금 모집과 친일 주구배 소탕, 악질적 부호 응징, 일제 통치기관 습격, 재만한인들의 도박 금지나 아편 밀매·사용 금지, 봉건적 구습 타파 등과 같은 항일·반봉건투쟁을 활발히 진행하였지만 적과 직접 대결한 대규모 항일투쟁은 많지 않았다.

조선혁명군의 영도와
남만주 항일무장투쟁의 전개

중국의용군과 연합항전 모색

1931년 9월 18일, 만주사변의 발발 이후 일본의 공작에 의해 이듬해 3월 괴뢰 만주국이 수립되자 중국 동북 지역에서는 광범위한 중국인 대중을 기반으로 한 각종 항일투쟁 세력의 반만주국 항일운동이 격화되었다. 이에 호응하여 조선혁명군도 중국인 항일의용군 세력과 공동으로 투쟁하는 방안을 모색하였다. 그렇게 함으로써 항일투쟁의 강도를 높일 수 있었으며, 조선혁명군이 처한 열악한 조건을 극복할 수 있었기 때문이다. 특히 당시 많은 중국인들이 한인을 '제2의 일본인'이라고 인식하여 질시와 박해를 가하고 있었는데, 한·중 양 민족의 연대투쟁을 통해 이러한 뜻하지 않은 누명을 벗길 필요도 있었다.

그러나 이러한 방침은 조선혁명당 중앙집행위원장 이호원과 조선혁

국민부·조선혁명당·조선혁명군 간부들이 회의 도중 체포된 구 서세명 가옥   현재 중국 요녕성
신빈현 읍내에 있다.

명군 사령관 김보안, 국민부 공안부 위원장 이종건李鐘乾 등 주요 간부들
이 1932년 1월 19일 신빈현(1929년 7월부터 1933년 10월까지 흥경현을 신빈
현으로 개칭함) 근거지에서 회의를 개최하던 도중 일본 경찰과 중국 관헌
의 급습으로 체포되고, 3월 초까지 당·정·군 관련자 70여 명이 잇달아
검거되고 수십 명이 전투 중에 부상함에 따라 큰 타격을 받게 되었다.
이후 조선혁명당·조선혁명군과 국민부는 고이허(당 중앙집행위원장)와 양
세봉(군 총사령), 양하산(국민부 집행위원장, 1932년 2월 전사) 등을 각각 당·
정·군 책임자로 선출하고 재기하였으나, 이러한 '공안정국'의 후유증은
매우 큰 것이었다.

하지만 조선혁명군 사령관 양세봉은 이에 좌절하지 않고 조선혁명당

및 국민부 간부들과 협의하여 1932년 3월부터 적극적으로 중국의용군과 연대하여 대일항전에 나서게 되었다. 양세봉은 이때 다음과 같은 요지의 성명서를 발표하여 내외에 항전의지를 굳게 밝혔다.

나는 과거 몇 년간에 걸쳐 조선독립을 위해 활동하여 왔던바, 이번에 간부 다수가 검거를 당하여 정부(국민부를 말함: 저자주)는 명실공히 위기에 처하였다. 그러나 나는 큰 기대를 갖지 않고 사령에 취임하였다. 한때 나에 대하여 귀순할 것을 종용하는 자가 있었지만, 나는 과거에도 (민족)주의(이념: 저자주)가 확고하고, 살인이나 기타 동포의 피를 착취한 사실이 없으므로 부민府民은 나를 신뢰하고 이번 검거를 당해서도 (나를) 매우 비호하여주었다. 부하 군인으로서 이번에 귀순할 뜻을 가진 자가 있다면 깊이 생각(반성)하여 (독립전쟁의) 초지를 관철하라!

이리하여 양세봉은 평소에 가깝게 지내던 중국인 유지 왕퉁쉬안王彤軒 및 대도회를 이끌던 량시푸梁錫福 등과 연대하여 '요녕농민자위단'이라는 한중연대 의용군을 조직하게 되었다. 남만주 유하현 사포항四鋪抗에서 선포식을 거행한 뒤 연합군의 봉기를 내외에 천명하였다. 이때 사령관은 왕퉁쉬안, 부사령관은 양세봉이 맡았는데, 전체 병력은 2,000여 명이나 되었다. 3월 10일 조선혁명군은 요녕농민자위단의 구성원으로 요녕성 신빈현 남두령南陡嶺에서 신빈에 주둔하고 있던 일본군 및 만주국 군경과 격전을 치른 뒤 신빈의 서영릉가를 점령했다. 그리고 계속하여 남만주의 목기木奇, 흑우黑牛, 상협하上爽河 등 여러 고을을 점령하는 큰 전과를 거두었다.

3월 21일에는 북경北京의 '동북항일민중구국회'에서 파견한 밀사를 매개로 하여 중국국민당 특파원 왕위원王育文, 구 동북군東北軍의 영장營長 리춘룬李春潤·왕펑거王鳳閣 등 유력자들과 동변도 10개 현 대표 30여 명이 환인현에 모여 '요녕민중구국회'를 조직하였다. 추후 요녕농민자위단 사령관 왕퉁쉬안도 이 조직에 참가하게 됨에 따라 조선혁명군은 왕퉁쉬안 등의 부대와 함께 요녕민중자위군의 제10로군으로 편제되었다. 요녕민중자위군의 총사령은 구동북군 지휘관 탕쥐우唐聚五가 맡았다. 조선혁명군은 이 연합부대에 참가했지만, 한국독립군으로서의 독자적 지위를 분명히 하기 위해 양세봉은 참모 김학규를 총사령 탕쥐우에게 보내 한·중 양민족의 연대방침에 관해 협상케 했다. 그 결과 1932년 4월 29일에 5개 항의 협정을 맺게 되었다. 그중 주요한 내용은 조선혁명군이 중국 동북 지역에서 활동할 때 중국관민이 이를 지원하도록 한 것과 조선혁명군이 국내 진입작전, 즉 '독립전쟁'을 개시할 때 중국군이 지원해야 한다는 점 등이었다.

한편, 조선혁명군이 요녕민중자위군의 한 조직으로 편제되기 전의 국민부 조직과 조선혁명군 편제 현황은 다음과 같다. 이는 1932년 4월 25일 환인현 북전자北甸子에서 조선혁명군 장교회의를 개최하고 결의한 내용이다.

[국민부]

중앙집행위원장: 고이허(비서과장 김해산 외 10여 명)

탕쥐우 기마상(중국 요녕성 환인현)

집행위원: 박대호, 정응선, 이영걸, 김상규, 김호석, 윤일파, 김백파(동이 東耳, 김학규), 심용준, 조화선, 김보국, 김두칠, 김원

총사령: 양세봉. 양세봉은 환인현 북전자에 주둔하며, 통화현 삼양유수三 樑楡樹 방면을 담당케 함.

이때 조선혁명군의 지휘관과 주요 편제는 다음과 같았다.

총사령: 양세봉, 병력 120여 명

고문: 양기하(환인현 백용배白龍背 부근)

제1중대장: 조화선(환인현 북전자)

제2중대장: 최윤구(유하현 방면 제6중대에서 전입)

제3중대장: 심용준(무송현 방면), 병력 58명

제4중대장: 박대호(관전현 하루하 방면)

제5중대장: 문학빈(길림 방면), 부하 40여 명

제6중대장: 정현석(환인현 백룡배)

제7중대장: 미상(신임)

위에서 제6중대는 유격대를 변경한 것이고, 제7중대는 별동대를 변경한 것이다.

당시 중국 동북의 길림吉林·흑룡강성黑龍江省에서는 마잔산馬占山·딩차오丁超·리두李杜·왕더린王德林·펑잔하이馮占海 등 장쉐량 군벌계통의 지휘관들이 각기 수천 명 내지 수만 명의 중국의용군을 이끌고 일본의 침략에 맞서 죽음을 무릅쓰고 치열한 항쟁을 전개하였다. 한편 남쪽의 요녕성 동변도 일대에서는 탕쥐우 장군이 수만 병력을 이끌고 환인·통화·신빈 등 27개 현을 근거지로 삼아 장장 6개월간의 혈전을 전개하여 일본 침략세력에게 큰 타격을 가하였다.

한·중 연합항전 성사 때의 일화

조선혁명당에서는 조선혁명군 참모 김학규를 보내 한·중 연합항전을 협상케 하였다. 그런데 공교롭게도 김학규가 탕쥐우를 만나러 간 날이

중국 상해 홍구공원 윤봉길 의거 표지석

1932년 4월 29일이었다. 이날 저녁 김학규는 회담을 위해서 요녕성 환인현성 남문 안에 있던 탕쮜우 장군 관사에 찾아갔다. 당시 그는 조선혁명당 전권대표의 자격으로 조선혁명군과 탕쮜우 부대의 합작문제를 논의하기 위해 방문하였던 것이다.

그런데 두 사람이 한중 군대의 합작문제를 진지하게 논의하기 시작할 무렵, 라디오에서 남경南京 중앙방송국의 당일 시사보도가 흘러나왔다.

오늘 오전 11시 반, 상하이에서 대규모 폭발사건이 발생하였다. 오늘은 일황日皇의 생일인 천장절天長節이다. 이를 기념하기 위해 상하이에 주둔

중인 일본 육·해군의 수뇌부와 정부기관의 대표 및 일본 교민 수만 명이 홍커우虹口공원에 집결하여 경축 의식을 거행하였다. 그들이 일본 국가를 합창할 무렵 한국 청년 윤봉길尹奉吉이 돌연 군중 속에서 뛰쳐나와 사령대를 향해 폭탄을 투척하였다. 거대한 폭발음과 함께 폭탄이 터지고 사령대 위에 있던 시라카와白川·시케미츠重光·우에다植田·노무라野村 등 중요인사들이 모두 고꾸라졌다. 중상을 입은 시라카와 대장은 생명이 위독한 것으로 알려지고 있다. 상하이 일본거류민장 가와바타河端貞次는 현장에서 즉사했으며, 사령대 위에 있던 나머지 인사들도 모두 중경상을 입었다.

이 방송을 듣고 난 탕쥐우는 만면에 웃음을 지으며 자리에서 일어나더니 김학규의 손을 굳게 잡고 인사를 아끼지 않았다.

오늘 저녁은 너무나 흥분된 마음을 감출 수 없습니다. 조국을 위해 희생을 마다하지 않는 한국 동지들의 용감한 정신에 감복하지 않을 수 없습니다. 이전에 하얼빈역에서 이토 히로부미伊藤博文를 저격한 안중근安重根 의사도 한국 사람이 아닙니까? 우리 부대의 모든 동지들을 대표하여 윤봉길 의사의 쾌거가 성공한 것을 축하드립니다. 아울러 동이東耳(김학규의 호) 동지께도 축하의 말씀을 드립니다.

당시 김학규는 흥분된 감정을 감추고 겸손한 어조로 화답하였다.

당 동지, 너무 칭찬의 말씀만 해주시니 부끄럽습니다. 오늘 일은 조국을

1934년 중국 관내로 특파되어 만주와 관내 지역 연계를 담당한 김학규·
오광심 부부(1943~1944년 광복군 3지대장 때 촬영)

위해 희생을 마다하지 않는 수많은 한국청년 가운데 한 사람이 이룬 장거
에 불과합니다. 한국혁명의 투쟁 과정에서 이런 일은 수시로 일어나고 있
습니다. 성공을 축하할 만큼 특별한 일도 아닙니다! 한국혁명의 진정한
성공은 중국 군민과 우리 조선혁명군이 진정으로 연합하여 왜놈들을 압
록강과 현해탄玄海灘 밖으로 몰아내어 중국 동북의 산하를 수복하고 한국
이 다시 독립을 이룰 때 비로소 완성되는 것입니다. 축하의 말은 그때 들
어도 늦지 않을 것입니다!　　　　　　　　－『한민韓民』제1기 제2호, 1940. 4. 25

이리하여 조선혁명군과 탕쥐우가 영도하는 중국의용군의 합작은 매
우 우호적인 분위기에서 순조롭게 이루어졌으며, 오히려 조선혁명군 측
에 유리한 방향으로 성사되었다.

요녕민중자위군 중국 측 사령관이던 왕퉁쉬안은 이 무렵 한·중 양
국 민중과 조선혁명군의 연합항전 사실을 후일 매우 구체적으로 회고하
였다. 특히 그는 후일 중국 관내(본토)로 들어간 뒤 우리 독립운동가들이
주도하여 발간하고 있던 월간지 『한민韓民』에 당시 상황을 편지로 보냈
다. 『한민』에서는 이 편지를 '소중한 편지 한 통'이라는 제목으로 아래와
같이 감동적으로 소개하여 주목을 끌었다.

오늘이 마침 통의부統義府가 성립된 8월 23일이다. 이도구二道溝 옥황정玉
皇頂 높은 봉우리에 오른 김창환金昌煥 장군이 손에 태극기를 들고 애국가
를 드높게 부르면서 굽이굽이 험한 길을 오르는 나를 반겨주던 모습이 눈
에 선하다. 또 두령陡嶺 열마암烈馬岩에 올랐을 때, 오동진吳東震 장군이 손
에 태극기를 들고 8백 용사를 지휘하여 압록강을 건너 적을 격멸하러 가
는 모습을 보고 느꼈던 환희와 흥분을 새삼 되새기게 된다. 이 모든 것이
눈 깜짝할 사이에 어느덧 20년 전의 과거지사가 되고 말았다!

당시에 본 한국인들은 열악한 환경에도 불구하고 낙심하는 일 없이, 줄곧
일본을 멸망시키고 조국을 되찾겠다는 굳은 신념에 불타 있었다. 앞에 가
는 사람이 넘어지면 뒤따르던 사람이 앞으로 나가서, 조금도 뒤로 물러서
지 않는 자세로, 목숨을 바쳐서 싸우고 용감하게 매진하며, 조국광복의
대계를 확립시키고 추진했다. 실로 동아東亞 대륙에 있어 민족운동의 선
봉이었다.

돌이켜 보건대 한국 민족은 일찍부터 세계 대세를 살펴서 나라의 형세가
위태로워질 것으로 예상하고 준비를 게을리하지 않았다. …

민국 21(1932)년 2월 8일, 중한 두 나라 민중은 하나가 되어 적을 향한 적개심을 행동으로 옮기게 되었다. 총이 있는 사람은 총을 들고, 총이 없는 사람은 호미·낫 심지어는 단도短刀까지 들고 나와서 모인 한국동포가 8백 명에 달하였다. 중국 측에서도 자위단 용사 5백 명을 빼고도 수많은 형제들이 동참하여 총 2천 5백 명이 왜적 타도를 맹세하고 의거를 일으켰다. 요녕민중자위군遼寧民衆自衛軍이라 이름붙인 동지들은 나를 사령관으로 추대하였으며, 양세봉梁世鳳이 결사대 및 특무대

리춘룬 흉상

총사령, 김학규·고이허·왕가훈王家訓·유극검劉克儉·조보침趙寶忱·왕계헌王季軒 등 36명이 각급 위원 및 대장이 되었다.

이것이 자위대의 첫 출발이었다. 적개심은 하늘을 찌를 듯했지만, 사실 우리 모두는 군사에 밝지 못했다. 그러나 양세봉 동지의 치밀한 작전지휘로 2월 16일 두령陡嶺 전투, 2월 21일 창도화락昌圖伏洛 전투에서 적에게 큰 타격을 입히고, 4월 21일에 여러 방면의 의군이 환인현桓仁縣에 총집결하였다. 중의衆議에 의해 탕쥐우 장군을 총사령으로 선출한 20만 건아들은 이후 6개월여 동안 적과 대치했으니, 이 모든 것이 실로 한국 동지들이 있기에 가능한 일이었다. …

앞으로 중한 두 나라는 더욱 유대를 긴밀히 하여 공동의 원수에 대한 적
개심을 드높이고, 보조를 같이하여 강권을 타도하고 왜구를 소탕해야 할
것이다. 그리하여 중화中華의 실지失地를 회복하고, 삼한三韓(한국: 저자주)
에 들어설 신국가의 기를을 굳건히 다져야 할 것이다. 내 비록 보잘것없
는 인물이지만, 한민 잡지와 그 영광을 함께 나누고 싶다. 마지막으로 구
호를 소리 높여 외치자.
대한독립 만세! 중한中韓 두 민국 만세, 만만세!
요녕성遼寧省 왕청문旺淸門에서 왕퉁쉬안王彤軒

－『한민』 제1권 제5기, 1941. 6

조선혁명군은 이러한 요녕민중자위군의 한 부대로서 투쟁하면서도
독자성을 유지한 채 추후 이 부대의 특무대와 선전대대로 편성되었다.
조선혁명군의 총사령 양세봉은 이 부대의 특무대 사령, 김광옥은 선전
대 대장, 김활석은 참모장을 맡았다. 양세봉은 이때 소장 계급으로 직책
을 수여받았다. 이 독립군 부대가 이처럼 편성된 것은 중국군에 비해 규
모가 작지만 우수한 전투력을 보유하고 있었기 때문이다. 그리하여 조
선혁명군 독립군 부대는 1932년 10월까지 다른 요녕민중자위군 부대와
함께 공동으로 200여 차례의 대·소 전투를 치르며 크게 용맹을 떨쳤다.
이때 조선혁명군은 연합 투쟁한 요녕민중자위군 총사령 탕쥐우에게서
매월 9,000원(탕쥐우가 발행한 대양大洋지폐)씩 도합 3만 원가량의 군자금을
지원받아 항일투쟁의 재원으로 활용하였다.
특히 양세봉은 조선혁명군을 이끌고 1932년 4월 신빈현 영릉가를 공

격하여 점령하면서 80여 명의 일日·만滿 연합군을 섬멸했다. 이후 한중 연합군은 반격해온 일·만연합군에 쫓겨 신빈현에서 철수하였으나, 곧 리춘룬 부대와 공동으로 이곳을 공략하여 탈환하였다. 또 5월 8일에는 일·만 연합군 대병력이 영릉가를 침입하였으나, 조선혁명군은 리춘룬 및 왕통쉬안 부대와 함께 2일간이나 격전을 치르며 사수하였다. 더욱이 신개령 전투에서는 200여 명의 적을 살상했고, 5월 중 6차례의 전투에서 적 1,000여 명을 살상하거나 포로로 잡거나 실종케 하는 큰 전과를 거두었다. 특히 5월 말에서 7월 초까지는 탕쥐우 부대와 함께 통화 시내를 점거하였으며, 일본영사관 분관을 포위·공격하는 등의 항일투쟁을 전개하였다.

양세봉, 중국의용군과 연합작전 본격화

이 시기에 양세봉은 부대를 확장하기 위하여 유하, 통화 등 동포들이 많이 살고 있는 각 현에 조선혁명군 간부들을 보내 한인 청년 수백 명을 모집하였다. 그 결과 짧은 시간 내에 양세봉의 부대는 400여 명의 대원을 보유한 항일 독립군 조직으로 발전하였다.

조선혁명당과 조선혁명군은 반만주국 항일전쟁이 격화되고 있는 이러한 상황에 즈음하여 본거지인 왕청문에서 재차 회의를 소집하여 아래와 같은 정책을 제정하였다.

① 총동원령을 공포하여 조선혁명당 관할 지역의 만 18세 이상 한인 청년

은 병적에 등록하고 한인들은 비상 전시상태에 진입한다.

② 왕청문 화흥중학교를 속성군관학교로 개칭하고, 조선혁명군이 관할하
   며 학교를 통화현 강전자江甸子로 옮긴다.

③ 중조中朝 두 나라 문자로 된 항일선언서와 항일구호 등 삐라를 널리 살
   포하고, 중조 두 나라 민중이 단결하여 공동으로 항일할 것을 호소
   한다.

④ 교민들을 못살게 구는 비적들의 침입을 방지하고, 한인들의 생명 안전
   과 재산을 보호한다.

⑤ 우수한 간부를 중국인 요녕농민자위단遼寧農民自衛團에 보내 계속 군사
   훈련에 협조한다.

이처럼 조선혁명군의 강화로 역량이 크게 강화된 요녕민중자위군의
적극적 공세로 1932년 5월 24일 오후, 더 이상 지탱할 수 없었던 적군,
즉 만주국군은 신빈현성에서 북쪽으로 도망쳤다. 적군 사령관 위지산于
芷山은 하마터면 성 안에서 체포될 뻔했다. 그는 변장하고 현성을 빠져나
갔던 것이다.

중국 베이징에서 발간된 『구국순간救國旬刊』 1932년 제11호에서는 이
사실을 다음과 같이 보도하였다.

21일, 위지산은 기병 1개 단을 앞세우고 보병 5,000여 명과 최후의 발악
을 했다. 사오번량鄒本良을 선봉으로 하고 위지산이 직접 부대를 지휘했
다. 이튿날, 아군은 전군이 이동되었고, 이李 사령의 지휘 하에 사방에서

적진으로 진격하였는데 적군은 놀라 벌벌 떨었다. 당시 적군은 근처 농촌으로 퇴각하면서 방화하고 사람을 죽이고 강간하며 약탈하는 등 극악무도한 일들을 저질렀다. 23일, 위지산은 겨우 버티고 있었다. 아군이 세 갈래로 나누어 진공하자 사오본량은 어깨에 부상을 입고 도망치기 시작했고 그 부하들도 뿔뿔이 흩어졌다. 24일 오후, 우리 별동대장 왕퉁쉬안 王彤軒은 500여 명의 대원들을 이끌고 현의 동부 신시가의 일부를 되찾았다. 25일, 이 사령관이 대대를 인솔하고 현縣으로 들어왔다.

위에서 말하는 별동대장 왕퉁쉬안은 사실상 양세봉이 이끄는 조선혁명군이었다. 그들은 누구보다도 앞장서 신시가로 쳐들어가 적군과 육박전을 벌였다. 이때 조화선趙化善 등은 소자하蘇子河를 건너 양세봉 부대와 합세하여 시가전을 벌였으며, 적의 군사장비들을 산산이 쳐부수고 끝내 신시가의 대부분을 점령하였다.

5월 25일, 요녕민중자위군은 줄을 지어 질서정연하게 신빈현 현성으로 들어갔다. 양세봉의 부대도 제10로군의 삼각기를 들고 자위군과 함께 시내로 들어갔다. 시내 주민들은 요녕민중자위군의 승리를 진심으로 축하하였다.

조선혁명군의 특무사령부 편제

이렇게 신빈이 한중연합군에 의해 해방된 후 왕퉁쉬안, 양세봉 등은 부대를 이끌고 통화로 가서 요녕민중자위군 총사령관 탕쥐우를 만났다.

탕쥐우는 한인 장병들을 초대하여 연회를 베풀었다. 그는 특별히 현성에서 제일 유명한 고급음식점인 '삼성관三盛館'과 '천진관天津館'의 주방장을 청하여 수십 가지 요리를 마련하여 한인 장병들을 위로하였다.

탕쥐우는 다음과 같은 연설을 통해 조선혁명군 장병들을 격려하고 한중 항일세력의 연대와 공동항전을 촉구하였다.

지금 일본이 중국을 침략하고 허수아비 국가인 '만주국'을 세웠습니다. 당신들의 어제가 우리들의 오늘이 되었습니다. 이에 우리는 고락을 같이하며 단결하고 연합하여 적을 물리칩시다. 저는 당신들을 본보기로 삼아 항일투쟁할 것을 결심하고 가산을 털어 국난을 극복하겠습니다. 거사 후 저는 조선혁명군과 조선혁명당의 지지를 받았는데, 이는 제가 운이 좋았기 때문이었고, 또한 저의 영광입니다. 최근 저는 당신들이 흥경(신빈) 전방에서 용감히 싸우는 것을 눈으로 보았고, 귀로 들었습니다. 당신들이 용감하고 완강하게 목숨을 걸고 싸우는 모습은 저를 크게 감동시켰습니다. 우리 중국의용군 전체 관병들에게 당신들의 희생정신과 용맹, 과단성을 따라 배우라고 호소하였습니다. 우리 중·조 연합부대는 현재 한 개 단체가 되었습니다. 당신들의 사업이자 우리들의 사업이고, 우리들의 임무이자 역시 당신들의 임무이기에 서로 적극 협력하고 지지해주기 바랍니다. 자 모두들 중국인과 조선인의 단합투쟁과 승리를 위해 건배합시다!

탕쥐우의 연설을 들은 양세봉은 매우 감동하여 다음과 같이 말하였다.

조선혁명군이 점령한 신빈현 영릉가 원경과 읍내 전경

중국과 조선은 한 집안입니다. 우리는 줄곧 형제간이었습니다. 임진왜란 때도 7년이나 함께 싸워 일본 침략군을 조선에서 몰아냈습니다. 중국과 조선은 옛부터 힘을 합쳐 일본과 싸워왔습니다. 오늘 우리는 지난날의 단합정신을 발휘하여 우리 공동의 적을 물리쳐야 합니다.

이 무렵 탕쥐우의 건의에 따라 한인 선전과를 설치하고 『합작合作』이라는 한글 신문을 발행하며 조선혁명군의 활동을 지원하였다. 이러한 정세를 이용하여 요녕민중자위군 총사령 탕쥐우는 통화 일대에서 신빈현 왕청문에 근거를 둔 조선혁명군 사령관 앞으로 1932년 6월 9일자에 다음과 같은 밀명을 내려 활동을 적극 고무하였다.

자위군 조직 이래 각지의 용자 이에 참가하여 그 세력은 날로 더욱 커가고 있다. 한국 동지도 우리 군에 참가하여 원조하고 있으므로 동지의 신분을 증명하기 위하여 이에 부호符號를 규정한다. 그 부호 양식은 너비 3치, 길이 4치의 백포白布에 '공작工作'이라고 기입하여 한국 혁명동지의 신호를 채인採印하고, 그 동지의 공동 공작에 나갈 때, 또는 여행할 때에 각로各路 군경은 일단 검사한 후 허가한다.

탕쥐우는 이러한 표식을 통해 조선혁명군 등 항일세력을 구별하여 중국인들의 반만反滿 항일운동에 이용하고자 시도하였다.

조선혁명군의 중국의용군과의 연합항전

조선혁명군은 이러한 전투에 필요한 병력을 보충하기 위해 요녕민중자위군 사령부 소재지인 통화현의 강전자에 속성군관학교까지 설치하여 400여 명의 장교와 사병을 양성하기도 했다. 이때 조선혁명군은 중앙군(현역)과 지방군(예비군)으로 구분되어 있었는데, 중앙군의 규모는 약 300명가량이었다. 이후 조선혁명군은 임강·집안·유하현·삼원포 및 청원·무순 등지의 광범한 지역에서 항일전을 수행했다. 이해 7월에는 최윤구·조화선이 이끄는 조선혁명군 부대 단독으로 통화현 쾌대무자快大茂子에서 일·만군 80여 명을 살상하는 승리를 거두었다. 이러한 활약으로 남만주 일대에서 양세봉과 조선혁명군의 명성이 크게 높아졌다.

특히 양세봉은 조선혁명군 총사령겸 요녕민중자위군 특무대 사령의 명의로 조선혁명군 제2중대(중대장 조화선) 및 제7중대(중대장 최윤구)의 부대 소총 약 90정, 모젤 권총 및 소형 권총 약 10정을 가진 약 100명, 기타 외교원 김난 및 김사진 이하 27명, 도합 약 130명을 인솔하고 있었다.

이때 양세봉 휘하 특무대원은 모두 1932년 여름에 착용한 특무대복인 회색 군복에 회색 헌팅캡을 착용하고, 중국의 국기인 청천백일기靑天白日旗 아래쪽에 '요녕민중자위군 특무대 사령부'라고 적힌 깃발을 들고 다녔다. 간부 장교들은 말을 타고 다녔는데, 연락 등 통신에 매우 유용했다. 특히 중요한 서류는 말에 싣고 다녔다.

한편 조선혁명군의 청원淸原 공격전은 20여 시간 동안 지속되었는데

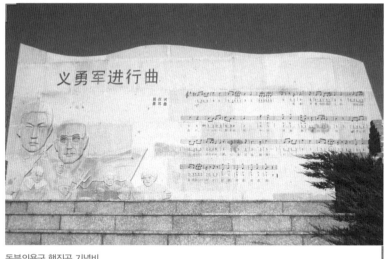

동북의용군 행진곡 기념비

이 전투에서 요녕민중자위군은 손실이 매우 컸다. 당시 청원현 공서에
서 편찬한 『청원현의 일반상황淸原縣─般狀況』에는 이렇게 기록되어 있다.

탕쥐우, 리춘룬 등 반역자들의 기세가 매우 사나워 현에 주둔하고 있는
사오번량邵本良과 퉁퇀장童團長 부대가 지방경찰단과 협동하여 공격하였
다. 시가전에서 장시간의 육박전을 벌인 결과 토비土匪(항일군을 말함: 저
자주)들이 퇴각하기 시작하였다. 결과 그들은 127구의 희생자를 냈다.
… 우리 측은 비록 승리했지만, 적군은 우리 현을 적군의 제1선으로 삼
고 50주야를 끊임없이 포위공격하였으므로 … 다행히 재난을 면할 수 있
었다.

조선혁명군의 근거지 향수하자(响水河子) 전경

조선혁명군의 근거지 흥묘자

이 전투에서 한중연합군은 적지 않은 사상자를 냈는데 조선특무대, 즉 조선혁명군의 김일룡, 이해천, 박석원 등 30여 명이 장렬히 희생되었다. 자위군은 비록 두 차례의 청원현 공격전에서 모두 실패하였지만, 일본군과 괴뢰 만주국군에게 심한 손실을 주었다.

1932년 말 탕쥐우와 량시푸가 이끌던 요녕민중자위군이 일·만군의 공격으로 거의 궤멸된 뒤, 조선혁명군은 1933년 1월 신빈현에서 열린 당·정·군 간부회의의 방침에 따라 '요녕민중자위군 특무대'라는 명칭을 버리고, 원래의 조선혁명군 명칭을 다시 사용키로 했다. 그 뒤 종래의 근거지인 신빈현 왕청문으로 사령부를 옮기고, 전 병력을 5개 부대편제로 개편하였다. 1933년 중 조선혁명군은 왕펑거와 덩톄메이鄧鐵梅 등 잔여 중국의용군과 함께 연합작전을 강화하는 한편, 소속대를 위주로 하는 유격전을 전개하였다. 특히 이때 강전자 군관학교에서 훈련받은 청년들을 편입시켜 군사력을 강화하였다. 그 결과 조선혁명군은 총병력이 400여 명에 달하고 각종 무기가 500여 자루나 되는 실력을 갖추게 되었다. 이에 따라 조선혁명군은 1933년 7월 8일 왕펑거 부대와 함께 신빈현을 공격하여 한때 점거하는 쾌거를 이룩하기도 했다.

양세봉은 이처럼 조선혁명군을 영도하여 중국인 의용군과 연대투쟁을 하는 한편, 조선혁명당 요인들과 협의한 뒤 압록강이 얼어붙는 동절기를 틈타 우수한 대원 30여 명을 밀파하여 국내 진입작전을 전개하기로 하였다. 이를 통해 조선혁명당·군은 큰 성과를 거둘 수 있었다. 예를 들면 1932년 한 해에만 모두 16차례에 걸쳐 101명의 대원을 국내에 침투시켜 군자금을 모집하고 일제 기관의 습격, 친일파 처벌을 주도하며 일제의 식민지 통치에 타격을 주었다. 또한 이듬해에는 10여 차례에 걸쳐 142명의 특공대원을 밀파하여 전투를 벌인 것으로 집계되고 있다.

1932년 3월 양세봉이 직접 밀파한 결사대원 이선룡李先龍 및 그해 말부터 이듬해 2월에 걸쳐 평안도 일대에 진입하여 큰 활약을 보인 변낙규邊洛奎 부대, 그리고 1933년 5월 황해도까지 진출하여 수많은 일본 경찰과 접전한 '국내유격대장' 서원준 등의 활약이 널리 알려졌다.

조선총독부 치안당국은 『최근 조선의 치안상황』에 양세봉과 조선혁명군의 활동을 다음과 같이 기록하였다.

조선혁명군 총사령관 양세봉 등은 비적두목 왕펑거, 이춘방(이춘광李春光: 저자주), 덩톄메이鄧鐵梅 등과 연합하여 반만反滿 항일운동을 벌이고 있다. 현재 봉천성奉天省 내에 있는 국민부 혁명군은 300~400명으로 추산된다. 그들은 몇 명 또는 몇십 명의 소부대를 각지에 계속 파견하여 공격하고 있고, 국경 경비를 정탐하고 있다. 이에 국경 경비를 더욱 강화하고 있다.

양세봉과 영릉가전투

다음 내용은 조선혁명군에서 양세봉 장군의 부관 및 참모로 일했던 박윤걸朴允杰 옹의 증언과 기록을 토대로 영릉가전투 상황을 실감나게 재구성한 것이다.

1931년 9월의 만주사변 이후, 남만주 지역의 중국인 항일구국군들은 한때 일본 침략자들의 민족 이간 책동의 영향으로 한인들을 소위 '얼구

이쯔二鬼子'(두 번째 일본인)로 잘못 보고, 한인 마을을 불사르고 한인들을 체포하여 살해하기도 하였다. 이처럼 한중 양 민족의 관계가 나빠지게 되자 환인현 얼후라이에 사는 북경사범대학 졸업생 김태진과 얼후라이 조선학교 교장 강정조는 환인현 현장 유쟁달이 얼후라이로 온 기회를 이용하여 선발된 60여 명의 한인 군중대표들과 함께 현장을 찾아갔다. 김태진은 현장에게 일본이 한국과 만주를 침략한 죄상을 폭로하며 이를 규탄하였다.

"일본이 한국을 침략하여 식민지로 삼았으므로, 그들의 등살에 견딜 수 없어 많은 한인들이 만주로 건너오게 되었다. 일본은 만주를 강점한 후 다시 조선 사람들을 억압하고 있다. 일본의 노예가 되어 이중 삼중의 압박과 착취를 받는 조선 사람들이 어찌하여 '얼구이쯔'가 될 수 있는가? 조선 사람들은 일본 침략자들을 뼈에 사무치게 미워한다. 따라서 일본의 민족 이간 책동에 속지 말고 한중 민중은 단결하여 공동의 원수 일본 침략세력을 물리쳐야 한다"고 역설하였다.

1932년 초, 환인현 읍내의 한인 부자 '세창정미소'의 주인 장진식蔣震植은 현縣 청사 문 앞에 엎드려 원한을 신소伸訴하겠다고 하면서 방성대곡하였다. 그때 현내 각계 인사들을 모아놓고 당면 주요 현안을 토의하던 중이던 현 정부 관리들은 장진식을 불러들여 통곡하는 까닭을 물었다. 장진식은 한인들의 자랑스런 항일투쟁의 역사와 일본의 침략으로 어려운 생활을 하고 있는 눈물겨운 처지를 말하고 나서 흑백을 가리지 않고 한인들을 모두 다 나쁘다고 모욕하는 것은 사실에 맞지 않는다고 호소하였다. 이로써 중국 동북의 지방 군벌정권과 관리들은 점차 한인들의 어제와 오늘을 새롭게 알게 되었으며, 한중 간의 민족 모순도 점차 완화되기 시작했다.

1932년 2월에 탕쥐우를 사령관으로 하는 남만주 동변도 일대의 구 동북군벌 계열의 군대가 일본의 침략을 반대하여 '요녕민중자위군遼寧民衆自衛軍'을 조직하였다. 4월 21일 환인현 사범학교 교정에서 1만여 명의 군민들이 모여 요녕민중자위군 선서대회를 열었다. 이 모임에는 환인 일대의 수백 명 한인들도 참가하였다.

이 대회에서 각계 대표들의 연설이 있은 뒤, 탕쥐우가 먼저 연단에 올라갔다. 그는 격앙된 목소리로 연설을 하고 나서 군도를 빼들고 오른손 중지를 베어 "적을 섬멸하고 반역자를 처단하여 나라를 구하고 민중을 사랑하리라!"는 내용의 혈서를 써서 뜨거운 항일구국의 의지를 나타냈다. 탕쥐우의 선서는 모든 사람들을 감동시켰고, 대회장은 항일투쟁의 분위기로 들끓었다. 이어서 각계 민중 대표들의 연설이 있었는데, 중국인 유지들의 연설 이후 한인 대표로 조선혁명군 참모장 김학규, 그 뒤에 박경평 등이 연단에 뛰어올라가 흥분된 어조로 한국을 침략하고 한인들을 학살한 일본제국주의 세력의 침략상과 만행을 성토하고 나서 "망국노가 되지 않으려면 중·한 민중은 한결같이 단결하여 항일투쟁에 나서 빼앗긴 강산을 다시 찾고, 민족의 자유와 해방을 쟁취하기 위해 싸워야 한다!"고 소리 높여 외쳤다. 대표들의 연설에 대거 모여든 군중들은 열렬한 박수 갈채를 보냈다.

나중에 환인에서 이 소식을 들은 조선혁명군 사령관 양세봉과 부사령관 박대호는 탕쥐우와 연합하여 항일투쟁을 전개하기 위하여 앞에서 본

대로 참모장 김학규, 통역 김광오, 문석주, 이해운을 4월 29일에 요녕민
중자위군에 보냈다.

조선혁명군 측과 회담을 한 뒤, 탕쥐우는 조선혁명군과 연합할 것을
쾌히 승낙하고 즉시 중국어漢語와 한국어로 양군의 항일연합작전에 관한
포고문을 인쇄하여 각지에 배포하였다. 양세봉 사령관이 먼저 연합하여
항일전쟁을 전개하자고 제의한 뒤부터 한중 양 민족은 차츰 단합되었으
며, 중국 민중자위군은 더 이상 한인들에게 행패를 부리지 않았고 중국
인들 역시 항일연합군을 물심양면으로 지원하였다.

봉기 직후 요녕민중자위군이 장악한 지역은 서쪽으로 신빈현 영릉가,
남쪽으로 관전·환인 두 현縣 경계인 강산령崗山嶺, 북쪽으로는 임강현을
경계로 하는 통화, 환인, 신빈, 집안현 등 지역이었다. 그런데 서쪽 경계
선인 영릉가에는 일본 침략세력에 일찍이 투항한 전 동변도진수사東邊道
鎭守使 위지산의 '정안군靖安軍' 한 부대가 있었다. 사오번량召本良이 거느린
이 부대는 본부를 남잡목南雜木에 두었고, 일부 병력을 나누어 영릉가에
주둔시켰다. 그들은 그 지역 주민들을 괴롭히고 있었다.

그들이 영릉가에 주둔하고 있다 보니 신빈현을 근거지로 활동하고 있
던 조선혁명군에게도 심각한 위협이 되었다. 이에 조선혁명군과 탕쥐우
부대는 영릉가의 적들을 섬멸하기로 결정하였다.

요녕민중자위군 사령부에 있던 조선혁명군 참모장 김학규는 본부의
연락을 받고, 탕쥐우에게 영릉가를 점령하는 전투에 조선혁명군도 참가
하겠다고 요청하였다. 탕쥐우는 그의 요구를 쾌히 승낙하였고, 요녕민
중자위군 제6로군 리춘룬 부대와 제10로군 왕퉁쉬안의 대도회大刀會 부

요녕민중자위군 전투 유지 부조(중국 요녕성 환인)

대가 참가하도록 지시하였다. 이리하여 한중 양군 가운데 리춘룬 부대
는 괴뢰 만주국 정안군의 주력부대인 왕길양 부대를 대도회 부대와 함
께 영릉가 뒷산에서 쳐들어가게 하였고, 조선혁명군은 정면으로 공격하
도록 했다.

이러한 작전 내용을 김학규에게 보고받은 양세봉은 근거지인 왕청
문에서 조선혁명군 병사들을 모두 소집하는 출범식을 열고, 이번 전투
에서 용맹을 떨쳐 조선혁명군의 위용을 과시하자는 비장한 연설을 하
였다.

양세봉은 5월 초 밤 12시에 영릉가를 기습하기로 하였다. 그 직후 그
는 선발된 80명의 용맹한 조선혁명군 대원들을 직접 인솔하여 영릉가로
강행군하였다.

그날은 달 밝은 밤이어서 행군하기는 좋았지만, 만주의 찬바람이 뼛
골에 스며드는 듯했다. 수십 킬로미터에 이르는 밤길을 재촉하는 독립

군 전사들 앞에 나타난 가장 큰 난관은 영릉가 앞으로 흐르는 소자하蘇子河였다. 소자하는 멀리 발해만으로 흘러가는 요하遼河의 한 지류였다. 그때는 해동 무렵이어서 얼음이 풀린 소자하는 수심이 깊어졌다. 또한 성에장流氷이 뗏목처럼 흘러내렸다. 하지만 강을 건너지 못하면 도저히 영릉가로 진입해 갈 수 없었다. 다른 방법이 없었다. 양세봉은 드디어 소자하에 이르러 부하들에게 강을 건너라고 큰소리로 명령하고 나서 자기부터 강물에 뛰어들었다. 독립군 병사들은 사령관의 뒤를 따라 너도 나도 강물에 뛰어들었다. 마침내 얼음장같이 찬 소자하를 건넌 조선혁명군 대열은 다시 강행군을 시작하였다.

물에 젖은 솜바지가 얼어붙어서 거추장스러웠다. 밤 12시 정각에 영릉가에 들어가 공격을 알리는 신호탄을 올리기로 중국의용군 측과 약속되어 있었다. 일각이라도 지체하면 안 되었다. 결코 시간을 어길 수는 없었다. 양세봉은 강행군을 위해 얼어붙은 바지를 벗어던지고 속옷 바람으로 나섰다. 그 모습을 본 독립군 병사들도 사령관을 본받아 속옷만 입고 행군하였다. 찬바람이 살을 에는 듯했다. 병사들은 추위를 피하기 위하여 뛰지 않을 수 없었다.

드디어 영릉가 시가지가 보였다. 괴뢰 만주국군은 시내 주위에 철조망을 두 겹이나 둘러치고, 밤이 되면 이따금 박격포와 기관총으로 위력을 과시하였다. 영릉가 교외에 도착한 조선혁명군 대원들은 철조망을 끊어버리고 적이 알아차리지 못하도록 조용히 접근하였다. 적은 그때까지 조선혁명군이 감히 정면으로 기습해 오리라고는 꿈에도 생각하지 못하고 있었다. 약속대로 밤 12시 정각에 양세봉은 연락병에게 시내 상공을 향해 신호탄 3발을 쏘라고 명령하였다. 신호탄이 어두운 밤하늘로 날아 올랐다가 포물선을 그리며 떨어지자, 80명의 독립군 용사들은 양세봉의 지휘 아래 맹호처럼 소리를 지르며 시내로 쳐들어갔다. 그때 근처 불산에 매복해 있던 중국의용군도 성안을 향해 총포를 쏘았다. 불의의 습격을 받은 적들은 깜짝 놀라서 대군이 쳐들어온 줄 알고 별달리 반항할 엄두도 내지 못하고 80여 명의 시체를 남긴 채 황급히 난잡목, 무순無順 방향으로 도주하였다.

마침내 조선혁명군 용사들은 영릉가를 완전히 점령하는 데 성공하였다. 또 사전에 잠복해 있던 왕청문학교 한인 학생으로 조직된 항일선전대가 거리에 뛰쳐나와 선전 전단지를 뿌리면서 조선혁명군 항일독립군이 입성했다는 소식을 알렸다.

날이 밝자 조선혁명군은 전열을 정비하고, 청색 바탕에 흰색 삼각형 문양이 있는 조선혁명군 군기를 선두에 휘날리면서 자랑스럽게 시내 거리로 행진하여 들어갔다. 주민들은 문을 열고 구경하러 나왔으며, 상점 주인도 문을 열어제쳤다.

한인 독립군 부대가 영릉가 시내에 들어왔다는 소식을 듣고, 영릉가 상가 대표들 20여 명이 나와 조선혁명군을 영접하였다. 그들은 영릉가 읍사무소와 소학교 공간을 내주고 병사들을 쉬게 했다. 그런데 영릉가 지역 유지들인 상가 대표들은 조선혁명군 부대를 맞이하려고 이 부대 앞에 이르렀다가 깜짝 놀랐다. 한인 병사들이 모두 속옷 바람으로 서있었던 것이다. 나중에 양세봉에게 듣고 그 사유를 알게 된 지역 유지들과 중국인·한인 주민들은 너무나 감동하여 콧마루가 찡해질 정도였다. 그들은 장작을 날라다 읍사무소와 학교 마당에 모닥불을 피우고 물을 끓여오며, 아침 식사를 준비하였다. 상가 회장은 거리의 모든 양복집을 동원하여 새로 만든 군복 바지 80벌과 소총 20자루를 갖고 양세봉을 찾아왔다.

> 당신들은 참으로 용감합니다. 이런 부대는 처음 보았습니다. 우리는 총은 있지만, 적들과 감히 싸우지 못했습니다. 그러니 이 총을 당신들에게 드립니다.
>
> — 박윤걸, 「영릉가 전투와 량사령」, 『봉화』

이후 조선혁명군은 요녕민중자위군과 함께 적을 추격하여 목기, 흑우, 상협하까지 점령하였고, 많은 적을 무찌르고 대량의 무기도 빼앗았다.

1930년대 남만주 무장항쟁사에서 유명한 영릉가전투는 소자하 강반에서 이루어진 조선혁명군과 요녕민중자위군의 첫 연합작전이었다. 이 전투에서 조선혁명군이 결정적 역할을 수행하였다. 독립군 부대의 군법을 엄격히 준수하고, 주민들의 생업과 권리를 조금도 해치지 않은 조선혁명군은 영릉가 주민들에게서 높은 찬양을 받았다.

그러나 얼마 뒤에 적은 야오비전姚斌珍이 이끄는 괴뢰 만주국군인 정안군 제3단과 기타 혼합부대를 동원하여 다시 영릉가로 진공해 왔다. 조선혁명군과 중국의용군은 영릉가의 지역 유지들과 주민들을 안전한 곳으로 피난시킨 다음, 영릉가 뒷산에 진을 치고 적과 3주야에 걸쳐 격전을 벌였다. 결국 갈수록 적의 병력이 증원되는 바람에 중과부적으로 영릉가를 더 이상 지킬 수 없게 되자 조선혁명군은 신빈 방향으로 철수하게 되었다.

당시 조선혁명군에 있던 화가 최수복은 조선혁명군 대원들의 영릉가 전투 실황을 만화 형식으로 그려 탕쥐우 사령관에게 보냈다. 탕쥐우는 그것을 보고 만화도 잘 그렸지만, 조선혁명군의 감투정신이 대단하다고 칭찬하였다. 탕쥐우는 과거 한인들에 대한 편견을 버리고, 오히려 조선혁명군을 요녕민중자위군의 '독전대督戰隊'로 삼았고, 조선혁명군에 요녕민중자위군 사령부를 호위할 경위부대로 일부 병력을 파견해달라고 요구하였다. 이에 양세봉은 '요녕민중자위군 사령부 경위련警衛連'으로 조화선 휘하의 일부 부대를 보냈다. 그 뒤 탕쥐우는 조선혁명군을 요녕민중자위군의 '특무대特務隊'로 편성했으며, 양세봉 조선혁명군 사령관을 '특무사령特務司令'으로 임명하였고, 이 부대들을 요녕민중자위군 사령부 주둔지인 통화通化에 주둔시켜 특별대우를 하였다.

영릉가 전투 이후 조선혁명군 사령관 양세봉은 남만주 동변도 – 서간도 지역 일대에서 크게 명성을 떨치게 되었다.

영릉가 전투 이후에도 조선혁명군과 요녕민중자위군 세력은 일본군 등의 대대적 공세 이후에도 일정 기간 연합을 지속적으로 추진하였다. 『조선중앙일보』의 1933년 9월 17일자 기사를 보면 조선혁명군은 중국의용군인 리춘룬 등과 연합하여 신의주 – 중국의 안동安東을 연결하는 압록강 철교의 폭파를 계획하고, 장차 제2차 세계대전이 발발할 것을 전망하면서, 국민부는 남만주의 동변도 일대를 사수하기로 결의했다는 사실을 보도하고 있어 매우 주목된다. 그때 리춘룬이 이끄는 중국의용군은 조선혁명군과 국민부에 무기와 탄약을 배급하는 등 10여 개 조항에 합의했다고 한다.

　양세봉의 조선혁명군은 민중자위군의 리춘룬 부대와 서로 연락을 취하고 있으며, 양측의 중요 간부 20여 명은 비밀회의를 개최하고 국민부는 동변도를 사수할 것, 친일세력을 처단할 것, 국민부(조선혁명군: 저자주)에 대해 무기와 탄약을 지원해줄 것 등에 합의했던 것이다. 또한 비슷한 시기에 『조선중앙일보』(1933년 12월 13일)는 양세봉이 왕평거와 비밀협정을 체결했다고 하는데, "양측은 밀회한 결과 금후로 동일한 보조를 취하기로 결정했다"고 보도하였다. 또 『동아일보』(1933년 12월 13일자)에 따르면 조선혁명군은 이른바 중국의 '반만군反滿軍'과 연합하여 통화현성通化縣城을 습격한다고 선포하여 부근 일대가 크게 동요하였다고 한다. 그 기사를 보면 다음과 같다.

반만군反滿軍과 제휴하야 조선○○○단 활동

통화通化를 중심으로 양서봉梁瑞鳳이 지휘, 결빙기와 국경물정國境物情

환인현 북전자에 있는 혁명당 총사령 양세봉은 집안현으로 이동하였다. 그리하여 왕평거王鳳閣와 비밀히 합하고 금후는 동일 보도로써 진행할 것을 협정하고 부하 각 중대에 대하여 반만군과의 제휴를 명령하였다. 이와 같이 조선○○단과 반만군과의 연합한 부대는 통화현성通化縣城을 습격한다고 전포되어 부근 일대는 자못 동요되고 있다(조선군사령부 발표).

－『동아일보』, 1933. 12. 13

양세봉의 국내 특파 특공작전

일본은 1931년 9·18만주사변을 일으켜 중국 동북 지역을 침략하여 1932년 3월 1일 일본의 괴뢰국인 만주국을 세웠다. 이제 사실상 일본이 중국 동북 지역을 지배하게 되었다. 이러한 위기상황에서 1932년 3월 30일에 양세봉은 조선혁명군 병사 이선룡을 국내에 파견하여 군자금을 모집케 했다.

국민부와 조선혁명군 등은 1931년 9월 18일 일본군의 만주(중국 동북) 침략 이후 주민들로부터 군자금을 모금하는 데 상당한 어려움을 겪었다. 일본군의 중국 동북 침략 이후 일대 혼란이 조성된 데다가, 많은 중국인들이 한인들을 일본의 '앞잡이'로 보고 질시하거나 탄압하는 사례가 많았기 때문이다.

이러한 형편에서 국민부의 의무금 부과는 재만한인들에게 상당한 부담이 되었다. 물론 어려운 생활 가운데서도 자진하여 국민부에 후원금

중국 심양 9 · 18사변기념관에서 열린 양세봉 장군 탄생 120주년 및 순국 80주년 기념 학술좌담회
(2014. 6)

을 내는 한인들도 적지 않았다. 그러나 일부 한인들은 세금 부과에 반발
하여 중국 측 당국에 신고하기도 하고, 국민부에 대한 납세를 거부하기
도 했다. 이 경우 국민부는 조선혁명당의 무력인 조선혁명군을 동원하
여 강제로 세금을 거두기도 하였다.

　　예를 들면 1931년 조선혁명군 제5중대장 양세봉은 5명의 부하를 거
느리고 무순 시내에 있는 협제공사協濟公司 이상현李尙賢의 집에 잠입하
여 그를 협박하는 한편, 설득을 병행하여 마침내 국민부 의무금을 징수
하였던 것이다. 특히 중국 동북 지역의 도회지 번화가에 있는 유력 한
인 상공업가들에게는 일정한 비율의 납부세를 부과하고 자진납부를 종

용하였으며, 이에 응하지 않을 경우는 무력을
동원하여 강제로 징수하였다. 또한 농촌에서
도 세금 부과에 반대하는 농민들은 조선혁명
군을 동원하여 강제로 징수하였는데, 이러한
행태는 자연 상당수 한인들의 반발을 초래하
게 되었다. 이러한 절박한 상황 속에서 양세봉
은 조선혁명군 병사 이선룡을 그의 고향인 장
호원에 특파하여 거액의 군자금을 마련하고자
했다.

이선룡

　이선룡은 동일은행東一銀行 장호원 지점을
습격함으로써 국내 민중들에게 민족의식을 고취함은 물론, 일본 경찰들
을 초긴장 상태로 빠뜨렸다. 그리하여 『동아일보』・『조선일보』 등에 대
서특필되었는데, 동아일보는 1932년 4월 4일자 호외에서 "경기, 강원,
충북 등 3도를 걸타고 넘나들며 신출귀몰하는 권총범인은, 강원, 경기,
충북 등 3도 경관의 단잠을 못자게 하든 이 범인은"이라고 대서 특필하
였다. 또 『삼천리』・『동광』・『제일선』 등 여러 잡지도 이선룡의 활동상을
특집으로 실어 국내 민중에게 만주 항일무장투쟁 조직들이 활발하게 국
내 진입작전을 벌이고 있다는 소식을 알렸다. 양세봉에 의한 이선룡의
특공작전은 조선총독부 경무국장이 직접 독려에 나섰을 뿐만 아니라,
경기・강원・충청 등 3도 경찰이 대거 출동하고, 연인원 6,000명과 비용
2만여 원이 투입될 정도로 큰 반향을 불러일으킨 사건이었다.

　이선룡의 동일은행 장호원 지점 습격 특공작전은 조선혁명군 군자금

이선룡이 1만 2,000여 원의 군자금을 빼앗은 동일은행 장호원 지점 전경(『동아일보』 1932. 4. 1)

長湖院拳銃犯人
交幕路邊에서 被逮
京畿, 忠淸, 江原三道를 出沒
千餘名警官隊를 困憊케 하다가
警戒網突破第六日

國民府에 加擔活動
長湖院出生李善用
十九歲時故鄉떠나
滿洲各地로 轉轉
渡滿後○○團加入活動

學校成績不良
싸움만 잘하야

이선룡의 활동을 대서특필한 호외 기사(『동아일보』 1932. 4. 5)

체포되어 재판정으로 끌려가는 이선룡(가운데, 『동아일보』 1932. 4. 11)

조달과정의 한 사례라고 할 수 있다. 남만주 지역에서 조직된 조선혁명군은 1932년 초 양세봉을 사령관으로 하여 체제를 정비하는 한편, 중국 의용군과 함께 활발한 무장투쟁을 전개하였다. 양세봉의 조선혁명군은 1932~1933년에 수십 차례에 걸쳐 250여 명의 대원을 국내로 침투시켜 군자금 모집과 일본 통치 관련 기관의 습격, 친일파 처벌 등의 투쟁을 벌였다.

1930년 5월경 이선룡은 본부를 신빈현 왕천문에 둔 조선혁명군에 가입하였다. 그리고 조선혁명군의 한 병사로서 독립운동을 위한 여러 가지 군사훈련을 받았다. 이후 조선혁명군 병사로 복무하던 이선룡은 1932년 2월 12일 조선혁명군 사령관 양세봉에게 비밀리에 조선에 잠입하여 군자금을 모집해 오라는 명령을 받았다. 그때 모젤식 십연발 권총 1정, 총알 150발을 지급받았다. 그는 이 명령을 기꺼이 수락하고, 같은 달 20일 새벽에 중국 요녕성 안동현에서 압록강 얼음 위를 건너 국내로 잠입하였다. 강을 건널 때 총은 복부에 숨기고 총알은 옷속에 감추었다. 2월 20일에 경찰의 눈을 피하기 위해 도보로 이동하여 신의주 아래에 있는 평안북도 용천의 양책良策역에서 기차를 타고 22일 경성역(지금의 서울역)에 하차했는데, 그날 저녁 경기도 광주廣州에서 10리 정도 떨어져 있는 주막까지 걸어가서 숙박하였다. 이후 3월 23일에 자신의 고향인 장호원으로 돌아와 비밀리에 군자금 모집 장소를 물색하였다.

3월 30일은 장호원 장날이었다. 장호원은 경기도 이천과 충청북도 음성의 경계지점에 위치한 꽤 큰 읍이라 사람이 많았다. 이선룡은 3월 30일 오전 11시에 먼저 동일은행을 답사하였다. 다시 오후 1시 30분경, 군자금을 마련하기 위하여 탄환 10발을 장전하여 혁대식 케이스에 넣고, 탄환 140발을 옷 속에 감추었다. 그리고 장호원리 소재 동일은행 장호원 지점에 이르렀다. 동일은행은 자본금 400만 원, 불입금 277만 5,000원, 적립금 73만 원의 주식회사로 1906년 8월 8일에 설립되었으며, 1931년 당시 대표는 친일파로 알려진 민대식閔大植이었다. 서울과 경기·충청·함경도 지방에 여러 지점을 두었다.

이선룡은 은행의 입구로 들어가, 객실과 영업실 문턱을 넘어, 오른쪽으로 전방 약 10보쯤 떨어진 영업실 안에서 집무 중인 동일은행 장호원 지점 지배인 윤시영尹時榮을 향해 권총을 들이댔다. 그리고 은행 안에 있는 행원 및 외래객 등 10여 명을 향하여 "모두 꼼짝말고 손들어" 하고, 다시 "나는 강도가 아니고 만주에서 온 혁명군인이니 움직이지 말고 있는 돈을 모두 내어놓으라"고 하면서, "만약 움직이거나 돈을 남겨놓을 때는 모두 사살하겠다"고 큰소리로 외쳤다. 한편 그는 자기 외에 50명이 함께 왔다고 하여 은행원들이 움직이지 못하게 했다(『동아일보』1932. 4. 1). 이후 그는 1만 3,000여 원에 달하는 거액을 조선혁명군 군자금으로 탈취하는 데 성공했다.

이선룡이 사라지고 약 30분 후 곧 은행 직원들은 이 사실을 장호원주재소 경찰에 신고하였으며, 장호원주재소에서는 이천서에 신고하였다. 이에 지바千葉 이천서장 등 많은 경찰들이 수색에 착수하였다. 이 사건에 대하여 동일은행 두취頭取 민대식은 "완연한 활동사진을 보는 듯하다. 의외천만意外千萬의 사실임을 고하고 중역회를 열어 대책을 세울 것"이라고 하였다. 한편 조선총독부의 이케다池田 경무국장은 사건의 중대성을 파악하고 경기도 경찰부장 우에우치上內를 방문하여, 속히 검거하도록 지시하였다.

이선룡은 혼자서 고군분투하며 특공작전을 전개하여 그해 4월 4일 1,000여 명의 출동 경찰들을 피해다녔지만, 결국 6일 만에 원주군 건등면 반계리에서 체포되고 말았다. 이선룡은 1932년 5월 23일 경성지방법원에서 재판을 받고 징역 15년에 처해졌으나, 감형으로 9년 반 만인 1941년 11월 16일 경성형무소에서 출옥하였다(박환, 「1930년대 조선혁명군의 국내 군자금 모금활동」). 나중에 국내 신문, 잡지 등의 보도를 통해 이선룡의 특공작전과 거액의 군자금 탈취 등 엄청난 활약 소식, 그리고 일본 경찰과의 전투와 체포 소식을 전해들은 양세봉은 이선룡의 충성심과 용맹을 극구 칭찬하면서도 매우 아쉬워하였다.

국내 진입작전과
압록강 연안에서의 항일투쟁

양세봉은 식민지 조선의 평안남북도, 함경남북도, 황해도, 강원도, 충청도 등지에 자주 무장부대를 파견하여 항일투쟁을 주도하였다. 양세봉의 독립군 부대는 한·중 국경선에 있는 일본군 수비대를 습격하였고 일본군의 무기창고, 후방 근무기지를 파괴하였으며 경찰분소와 파출소를 기습하기도 하였다.

1932년 9월, 조선혁명군 이영걸李永杰 부대는 요녕민중자위군의 대도회와 연합하여 평안북도 초산경찰서 수비대와 교전하였다. 양세봉은 또 김창빈金昌彬, 소아지 등을 조선 국내에 파견하여 적정을 살피고 유리한 시기를 이용하여 적을 타격하라고 명령하였다.

한편 『홍콩화우일보香港華宇日報』는 1932년 7월 13일부터 16일까지 두 번이나 이 소식을 보도하였다. 「한국 경내에서의 동북의용군의 전투상황東北義勇軍在韓境戰況」에 기재된 북평北平(현재의 북경) 전보문은 다음과 같다.

요동자위군 탕쥐우의 14일 전보문에 의하면 임강, 집안, 장백 각 현의 연합공한군聯合攻韓軍이 압록강을 건너가 11일에 (평안북도) 자성을 공격했고 12일 삼수, 후창을 점령했으며 일본군은 모아산帽兒山 부근에서 사상자 30여 명을 냈고, 후창에서는 거의 100명가량의 사상자를 냈다. 13일, 아군이 (평안북도) 강계를 포위하자 조선총독부에서 파견한 제3사단의 일부 부대가 이미 강계에 도착하여 아군과 격전을 벌이고 있다.

다소 과장된 내용이 있지만, 이러한 전투에서 조선혁명군과 중국의용군은 큰 승리를 거두었으며 양세봉은 정광배 등 장병들을 표창하였다.

1932년 8월, 백두산 동북쪽 안도安圖 경내에 주둔하고 있던 이연과李連科의 요녕민중자위군 제3로군은 지태환池泰煥과 조선특무대(조선혁명군) 합동으로 농사동에서 압록강을 건너 조선 경내의 일본경찰소를 쳐부수고 일본군과 경찰 등 몇 명을 살상함으로써 일본 군경들을 놀라게 하였다.

1932년 6월 20일 조선혁명군은 통화현 제5구 강구촌江口村 성창구城廠溝에 출동하여 27일 아침 일찍 서강전자西江甸子에 도착했다. 그런데 이때 이 지방에 괴뢰 만주국군 제3영의 약 1개 중대가 환인 방면으로 이동하던 도중에 조선혁명군을 뜻밖에 조우하였다. 만군은 조선혁명군으로부터 불의의 습격을 받아 앞길이 가로막히고 형세가 불리하게 되자 정전신호를 하였다. 이에 조선혁명군에서는 비무장 장병을 보내서 진지에 오라고 요구하였고, 만군은 이 요구에 응하여 타협한 결과 무사히 통과하였다.

만군 제3영에서 파견한 교섭병 중에는 지난 봄 탕쥐우의 의용군에 가입하여 활동했을 때, 양세봉 총사령과 면식이 있어 양세봉과 인사를 한후 오히려 조선혁명군에 동정어린 말을 건네며 서로 밀약, 협정을 하게되었던 것이다. 이후 양세봉은 동지 이필규李弼奎 집 부근에서 소를 잡아잔치를 벌여 여러 촌민을 모이게 한 뒤 다음과 같은 연설을 하여 주민들의 성원을 요구하는 한편, 장병들의 사기를 드높였다.

우리 조선혁명군은 이번에 봉황성鳳凰城에 있는 중국의용군 덩톄메이와교섭하여 후원을 받게 되었다. 그곳에 있는 수령 신장호新長好가 거느리는의용군 약 150명과 합작하여 통화通化로 진공하고, 또한 그 지방에 있는친일주구, 즉 민회民會 지부원 등을 주벌할 작정이므로, 일반 주민은 철두철미하게 우리 조선혁명군을 후원하라.

또한 폐지한 유격대를 다시 조직하여 왕청문에 주둔케 하고 김광욱金光旭을 총사령 양세봉의 호위대장으로 임명하였다.

한편 1932년 말부터 이듬해 2월에 걸쳐서 평안도 일대에 진입하여큰 활약을 보인 변낙규 부대의 활약 역시 매우 주목된다. 조선혁명군 제3총대장 변낙규는 1932년 말 양세봉의 지시를 받은 뒤 부하 20여 명을데리고 평북 벽동을 거쳐 평안남도까지 진출하였다. 이들은 군자금 및항일투쟁 동지의 모집을 위해 활동하다가 1933년 2월 평남 덕천에서 일제 당국에 체포되고 말았다. 변낙규 등은 100원가량의 군자금을 획득하고 대원을 모집하며 국내에 활동거점을 조직하려고 평안남도에 침투하

조선혁명군 중대장 김윤걸이 은신한 동굴이 있는 향수하자 요보(腰堡) 뒷산 전경

여 분투하던 중 일제에 검거된 것이다.

1933년, 일본 측이 작성한『최근 조선의 치안상황』에는 변낙규 부대의 활동에 관해 다음과 같이 서술되어 있다.

… 조선혁명군 중대장 변낙규는 양세봉의 지시를 받고 1932년 말에 20여 명의 병사를 거느리고 조선 국내에 들어가 군자금을 모으고, 항전 병력을 모집하는 등 활동을 했다. … 1933년 2월, 변낙규는 평안남도 덕천德川에서 일본군에 체포되었다.

또한 서원준은 1930년 조선혁명당에 가입한 뒤 청년부 당원으로 활농하다가 당 중앙위원장 고이허로부터 국내에 잠입하여 당의 활동자금을 모집하고 중앙당의 연락기관을 설치하라는 지령을 받았다. 그는 1908년 평안남도 중화에서 태어났다. 1933년 5월 양세봉으로부터 '국내유격대장'의 직책을 수여받고 권총과 탄약 등 장비를 지급받아 국내 평안도로 침투하였다. 그는 여러 명의 동지들과 함께 1,700여 원의 자금을 모집하여 243원을 당의 자금으로 송금하였으며, 당원을 포섭하고 조선은행 평양지점 등의 습격을 모의하던 중 경찰에 발각되어 황해도 봉산까지 진출하였다. 그는 2주일간이나 각지에 출몰하며 추격하는 일본 경찰과 전투를 벌였는데, 사리원 경찰서 순사부장 도미다富田吉五郞를 사살하는 등 크게 용맹을 떨쳤다. 하지만 일본 경찰에 체포되어 사형 판결을 받고 1935년 평양형무소에서 장렬히 순국하고 말았다.

한편 양세봉의 조선혁명군이 주로 활동하고 있던 동변도 지방에서

조선혁명군 속성군관학교 유적지　　조선혁명군 속성군관학교는 양세봉이 일제와의 결전을 효과적으로 수행하기 위해 세운 것으로, 주로 독립군 간부 양성 및 병사들의 훈련 장소로 삼았다. 1933년 일본군 전투기의 폭격으로 소실되었고, 현재는 대로로 바뀌었다.

1934년도에 반만항일군이 출몰한 횟수는 1932~1933년경보다 많이 줄었다고 하지만, 무려 3,656건에 연인원 11만 7,476명으로 파악되고 있다. 그런데 이 가운데 조선혁명군 출몰 회수는 730여 건에 연인원 2만 3,000여 명으로 집계되고 있다. 거의 1/5을 차지하고 있는 것이다. 1회당 평균 출동 인원 수는 31.5명이다. 이는 조선혁명군이 주로 소규모 유격전을 수행했다는 방증이다.

조선혁명군 장교와 사병들,
그리고 양세봉의 각오

1930년대 전반기 양세봉이 이끄는 조선혁명군은 구한말 대한제국과 일본군의 계급 구분, 나아가 현재 우리의 국군 계급체계와 유사한 계급체제를 편성하고 있었다. 즉 부대는 소대 – 중대 – 대대(지휘부, 방면군 사령부, 사師) 등을 기본으로 하는 편제를 갖추고 있었는데, 조선혁명군 독립군 군인들은 장교와 부사관, 그리고 병졸로 구분되고 있었던 것이다. 이를 정리하면 표 1과 같다.

일반적으로 사병들은 근거지인 남만주 지역에 거주하는 한인 자제들을 징발하거나 입대 희망자들을 수용하여 편성하였고, 참사·부사·정사 등의 부사관은 병사들 가운데 우수한 자질을 가진 사람을 선발하거나 장기 복무자 가운데 근무성적이 우수한 자 등을 임명하였다. 물론 소대장·중대장·지휘부장 혹은 방면군 사령장, 사장師長 등의 초급 또는 고위직 장교들은 오랫동안 독립군에 투신하여 (초급)장교로 경력을 쌓은 사람

표 1 조선혁명군 계급 구분

장교			사 (부사관: 저자주)	병
장관將官	영관領官	위관尉官		
정장正將	정령正領	정위正尉	정사正士	상등병上等兵
부장	부령	부위	부사副士	일등병
참장	참령	참위	참사參士	이등병

들, 혹은 중국군관학교나 사관학교(신흥무관학교 등) 등을 졸업한 일정한 군사전문가들을 임용하였다. 소대장은 대체로 참위나 부위 계급으로 임명되었고, 중대장은 정위나 참령, 혹은 경력에 따라 그 이상의 영관 계급으로 임용되기도 하였다. 중대장 위의 지휘부장이나 방면 사령장, 혹은 사장師長은 영관급으로 임용되었는데, 1930년대 후반 한검추의 경우 큰 공을 세워 참장參將으로 승진되기도 하였다. 1930년대 초 조선혁명군 총사령은 참장 혹은 부장副將 계급으로 임명되었는데, 양세봉의 경우 처음에는 참장으로 임용되었다가 1933~1934년경에는 부장에서 정장 계급을 받았을 것으로 추정된다.

한편 1932년 4월부터 조선혁명군이 중국인 의용군과 연합하여 '요녕민중자위군'의 특무대로 편제되었을 때 군기軍紀 21개 조가 제정되었다. 그 내용은 다음과 같은데, 이 21개 조항 중 한 가지라도 범하면 극형에 처하는 것으로 명시되었다.

① 일본군에 투항하여 나라를 팔아먹는 자
② 적과 내통했다는 확실한 증거가 있는 자
③ 인민들의 금은 보물 및 옷가지 등을 약탈한 자

④ 인민들의 집과 재물을 소각한 자

⑤ 싸움터에서 명령에 복종치 않고 스스로 도망친 자

⑥ 민간인의 아내를 강탈하고 제멋대로 행동하는 자

⑦ 부녀자를 강간한 자

⑧ 농민을 함부로 구타하고 행패를 부리는 자

⑨ 군사기밀을 훔친 자

⑩ 적정敵情을 거짓보고하여 상관上官을 속이는 자

⑪ 군량을 가로채 사복私腹을 채우는 자

⑫ 무기와 군수물자를 훔쳐내어 팔아먹는 자

⑬ 무기를 갖고 도망치거나 전장戰場에서 도망치는 자

⑭ 민가民家에 사사로이 뛰어들어 군기를 물란케 한 자

⑮ 행군시에 군중의 재물을 파괴하거나 곡식에 해를 입히는 자

⑯ 노획한 무기·탄약을 조직에 바치지 않고 사사로이 팔아먹는 자

⑰ 함부로 총을 쏘아 적에게 소식을 알리는 자

⑱ 작전 중 죽음을 두려워하여 겁을 먹고 나아가지 않는 자

⑲ 진군시에 지휘에 복종치 않고 군기를 위반하는 자

⑳ 말을 함부로 하여 군사기밀을 누설하는 자

㉑ 유언비어를 퍼뜨려서 부대의 사기를 저하시키는 자

물론 양세봉이 이 군기 21개 조를 어떻게 적용했는지는 잘 알 수 없다. 그러나 일본군과 만주국 당국은 조선혁명군의 군기가 매우 엄정했으며, 어느 정규 군대 못지 않은 기율과 훈련을 갖추고 있다고 높이 평

가하였다. 실제로 양세봉은 1·2·9·12·13항을 위반한 변절자나 친일 주구배, 투항자 등에 대해서는 가차없는 처벌과 응징을 가하여 엄격한 군기를 확립하였다. 예를 들면 조선혁명군 제3중대장의 부관으로 일하던 황규청黃奎淸이 중대장 심용준이 출타한 사이에 무기를 휴대하고 일제 측에 투항한 사건이 일어났는데, 조선혁명군에서는 황규청을 끝까지 추적하여 마침내 총살하고 말았던 것이다. 양세봉은 '군기 21조'를 이처럼 매우 엄격하게 적용했으나, 경우에 따라 부득이한 사정이 있는 일부 병사들의 사정은 너그럽게 감안하는 사례도 있었다.

조선혁명군의 지휘관과 사병들은 거의 20~30대의 청장년들이었고 기관총과 소총 등으로 무장되었는데, 무기가 부족하여 대원의 70% 정도만 소총을 휴대할 수 있었다. 특히 이 부대는 일본군과 유사한 계급구분과 직제, 훈련을 하고 만주국군과 유사한 정규복장을 착용했으며, '군기 21조'를 제정하여 민폐를 엄금하고 교민을 보호하는 등 매우 엄격한 군율과 훈련을 통해 강한 전투력을 갖추고 있었다. 때문에 이들을 상대로 싸웠던 일제의 군경마저 높은 평가를 내리고 있는 것을 볼 수 있다. 이같은 시각은 그 무렵 조선혁명군과 연대투쟁을 모색하고 있던 중국공산당 만주조직 역시 마찬가지였다. 중국공산당 만주성위원회는 조선혁명군의 활동을 일찍부터 예의주시하고 이미 1931년 3월경부터 포섭과 합작의 대상으로 지목하였다. 특히 1936년 겨울에는 조선혁명군의 제1사師 한검추(본명 최석용崔錫鏞, 황포군관학교 졸업) 부대를 남만주 유격운동에서 가장 명망있는 세력이라고 인정하고 있었다.

조선혁명군 대원들은 탄약을 허리에 두르고, 많을 경우 탄피를 상반

신에 X자 형태로 두르기도 하였다. 말린 쌀이나 미숫가루를 긴 부대자루에 넣어 어깨에 비스듬히 걸치기도 했는데, 격한 전투 중에 뛰어다니다 보면 땀에 절어 냄새가 심하게 나기도 했다.

현재 1932년 초 흥경현 대회전을 앞두고 양세봉이 연설한 대목의 일부분이 다음과 같이 전해지고 있다.

친애하는 동지들,
이번 전투는 동포 동지들의 생사를 담판하는 결전입니다. 나를 따라 생명을 각오하는 동지들은 손을 들어주십시오. … 조국광복군과 동만東滿 백만 동포들의 생명을 두 어깨에 짊어진 우리는 일당 백의 용감한 정신을 갖춘 전사들입니다. 아울러 이번 전투에 승리의 믿음을 선포합니다.

중국의용군이 일제와 만주국 당국의 탄압으로 패퇴한 뒤, 1934년 1월 양세봉은 신빈현 왕청문 남쪽 의목수依木樹에서 조선혁명당과 조선혁명군의 간부회의를 개최하였다. 이 회의에서는 그동안 중국인 탕쥐우 등이 영도하던 요녕민중자위군의 특무대로 편제되었던 조선혁명군의 칭호를 원래대로 회복하고 총사령 양세봉 등 주요 간부진용을 재편하는 한편, 조선혁명당과 국민부도 재정돈하기로 하였다. 특히 조선혁명당 당수 고이허는 이 회의를 통해 조선혁명당이 이후 한인 교민들에 대한 포용정책과 항일투쟁 선전 및 정치운동 등을 주관하고, 국민부 관할구역 내 한인들의 세금과 군자금, 특별자금 징수문제 등을 적합하게 주선·처리하도록 요구하였다. 또 국민부에 대해서는 관할구역 내 한인 마을의 자치 문제와 조선혁명군 등에 대한 후원 문제를 원활하게 처리할 것을 요구하였다.

이후 양세봉은 조선혁명군 대부대를 분산시켜 독립전쟁터로 보낸 후 경비부대를 인솔하여 왕청문 부근에서 적들과 공방전을 벌였다. 1934년 초반의 경우 수쯔위蘇子餘 부대와 자주 연합하여 때로는 통화 경내로 진입하고, 때로는 유하현 경내로 진입하였으며, 때로는 청원현 경내나 환인현 경내로 진입하여 신출귀몰하듯이 가는 곳마다 유격전을 벌였다. 이 때문에 괴뢰 만주국군의 위지산 토벌대는 그들에게 현혹되어 이리저리 끌려다녔지만, 조선혁명군과 수쯔위 부대의 종적을 끝내 찾지 못하였다.

이런 이야기도 전해지고 있다. 양세봉은 조선혁명군 가운데 일본어를 잘하는 대원에게 일본군 군복을 입히고 한 면에는 중앙지구中央地區라는 글자가 찍히고 다른 한 면에는 심해지구瀋海地區(심양과 해성海城 일대)라고 쓴 황색 견장을 달게 하여 일본 장교로 변장시킨 다음 마을로 내려보내 괴뢰 만주국군을 기만하였다. 이에 따라 적은 만주국군 중앙 작전 지역에서, 압록강 작전 지역에서, 심해 작전 지역에서 우왕좌왕하며 곳곳에서 조선혁명군의 동향을 탐지했다고 떠들었지만, 조선혁명군과 중국 항일의용군의 종적을 거의 찾을 수 없었다.

1933~1934년경 양세봉이 이끄는 조선혁명군 대원은 300여 명에 달했는데, 신빈·통화·환인·집안·관전현 등의 산악지대를 전전하며 매우 힘든 조건에서 유격전을 전개하는 등 치열한 독립전쟁을 전개하고 있었다. 이 무렵 일본군과 만주국 군경 등의 탄압으로 큰 어려움을 겪던 조

선혁명군 대원들을 격려하며, 죽음을 두려워하지 않고 최후의 결전을 독려하는 양세봉의 다음과 같은 비장한 연설이 전해오고 있다.

우리는 먹으나 굶으나, 즐거우나 괴로우나 조국을 위하여 죽으러 나온 몸으로 죽으면서, 죽어서, 욕먹을 필요가 없다. 아무리 해도 죽는 몸이니 말이다. 이러한 마음만 먹으면 괴로우나 죽으나 무서울 것이 없으며, 목적은 원수를 한 놈이라도 더 죽이고 잡는 것이 지상至上의 원願일 뿐이다.

- 계기화, 「삼부·국민부·조선혁명군의 독립운동 회고」, 『한국독립운동사연구』 제1집, 1987

이처럼 양세봉 자신은 물론, 휘하 장병들에게도 죽음을 각오하고 독립전쟁에 임하라는 강력한 정신교육을 실시하고 있었던 것이다.

조선혁명군 재편성과
전열 재정비

양세봉은 1933년 초 신빈현 왕청문 부근의 근거지에서 회의를 열고 중국의용군과 결별한 뒤의 조선혁명군 재정 문제를 검토하였다. 이 무렵 일본 관동군 측과 괴뢰 만주국 당국의 탄압이 가중되는 험난한 조건에서 조선혁명군은 매우 어렵게 생존하고 있었다. 따라서 조선혁명군의 투쟁 역량을 보존하고 항일 독립전쟁을 끝까지 지속하기 위해서는 자금의 확보가 필요했다. 이에 불가피한 상황을 고려하여 양세봉은, 여러 가지로 어렵게 살아가는 관할 지역의 한인들에게서 1년에 호당 2원씩 소득세를 징수하고, 상황에 따라 일정한 양의 군비를 받으며 벌금을 걷는 방안을 마련하였다. 국민부는 이때 조선혁명군에게 다음과 같은 원칙을 엄격히 지킬 것을 요구하였다.

조선혁명군은 재만조선인 동포들이 비적이나 만주국 경찰, 자위단 및 중국인들의 불법행위로 압박을 받을 때는 조선인의 편에 서서 인질을 구출해내고, 약탈당한 물품을 되찾아주는 방법으로 조선인들을 철저히 보호해야 한다. 그러나 중국 사람과 조선인과의 관계에 대해서 주의를 돌려야 하고, 조선혁명군은 중국인들에게 어떤 피해도 주지 말아야 하며, 중국민중들의 이익을 보호하고 중국인과 조선인의 상호협력을 선전하며, 달걀 한 개 값이라도 지불해야 한다. 식권제食券制를 시행하여 조선혁명군, 국민부와 조선혁명당 간부들이 외진 곳의 농가에서 식사를 할 때에는 현금 대신 식권을 내게 하고, 후에 세금을 징수할 때 식권 한 장에 10원씩 계산한다. 또 될수록 조선인 농가에 투숙하지 말고 중국인 농가에 투숙하도록 권장하며, 숙박비를 규정대로 지불하여 반감을 사지 않도록 하여 중국인과 조선인의 우의를 증진해야 한다.

이 회의에서 왕청문 이도구二道溝에 피복공장을 세우고 재봉틀 3대를 구입하여 10여 명의 여성전사들이 군복을 생산하도록 하며, 조선혁명군 참모장 김학규를 북경에 파견하여 최동오, 탕쥐우와 연락을 맺고 군비조달 등 문제를 해결하기로 결정하였다. 또한 중국의용군과의 연합작전을 강화해야 한다는 방침도 다시 천명하였다.

이러한 일련의 재정비를 거쳐 국민부와 조선혁명당의 각급 지방조직과 조선혁명군 조직은 강화되었고, 조선혁명군 장병들의 비관적 정서도 다소 극복되어 모두 자신감이 생겼다.

조선혁명군의 재정비로 요녕민중자위군이 패배한 후 진행된 한중합작의 중요한 군사행동으로 적들의 사기를 크게 꺾었고, 요동 지역 항일

조선혁명군 피복 제조창이 있던 마을(중국 요녕성 신빈)

군민들의 사기를 고무했으며, 그들의 항일의식을 한층 제고하였다. 일본과 괴뢰 만주국 정부 신문은 1934년 초의 연합전투를 대대적으로 보도하였는데, 중국 관내에서 간행된 『흑백반월간黑白半月刊』 1권의 7·8기(1934년 2월 28일)에는 다음과 같이 보도되었다.

　왕펑거가 인솔하는 부대가 홍경 현縣, 진眞을 습격 … 7월 8일, 제2지대 사령관 조금산(조보침을 가리킴: 저자주), 혼합 제2려旅 여장旅長 수쯔위蘇子余는 조선인 양세봉 등과 함께 신빈(홍경)을 점령하여 하루 만에 퇴각했음.

적후에서의 유격전 및 관련 자료 검토

괴뢰 만주국 군경과 일본 군경 등 적의 토벌계획을 분쇄하기 위하여 양세봉은 조선혁명군 각 부대에 중국의 용군과의 연합전선을 강화하라고 명령하였다. 조선혁명군의 한검추韓儉秋 부대와 중국인 왕펑거 부대는 통화현 7도구, 석호, 과송천 일대에서 항일기지를 구축하는 한편 중국인 덩톄메이 부대와 함께 압록강 철교를 폭파하기로 계획하였다. 적군이 장악한 정보에 의하면 양세봉과 조선혁명군의 활동 상황은 다음과 같다.

왕펑거 묘 원경(중국 통화시)

① 봉천경찰정보 제338호 선비 토벌 480

통보(정보 보고) 8월 14일 오전 10시 봉천경비사령부에서 대동大同 2년 (1933년) 8월 15일 접수.

"오는 일한합방일日韓合邦日(즉 8월 29일)에 선비鮮匪 (조선)혁명군의 불온행동설"

흥경興京을 대본영大本營으로 하는 선비 국민부 혁명군이 최근에 관전寬甸 방향으로 이동하고 있다. 선비군은 지난해 탕쥐우와 협력해 반만항일反滿抗日을 했다. 최근에는 또 리춘룬, 덩톄메이 등 부대와 연계를 하여 이달 29일 일한합방기념일에 동변도 각지의 괴뢰 만주국 고급 관리 및 조선인 민회 직원 등을 암살할 계획임.

② 봉천경찰정보 제343호 비적 토벌 503

통보(정보 보고) 8월 19일 오전 10시 봉천성경비사령부에서 대동 2년 (1933년) 8월 21일 접수.

"왕펑거와 선비의 반만항일책동 계획설"

이번 토벌에서 세력이 크게 위축된 왕펑거는 현재 통화현 동쪽 지역에서 분산하여 잠복하고 있다. 정보에 의하면 7월 말에 비적 두목 동강호, 장강호長江好, 운저일 및 선비 혁명군 양세봉과 그의 간부들이 통화현 대황구大荒溝에서 합류하여 다음과 같은 반만항일방책을 운운하고 결정했다.

왕펑거가 유하, 금천金川, 몽강濛江, 무송撫松 등 현내의 반만군을 통제하여 항일작전을 기도하고 있다. 통화, 집안현에서 활동하고 있는 반만구국군은 현재 항일작전하는 것이 자기들에게 불리하므로, 이 기간에 비적 두목 운저일은 당지에서 단독으로 활동하면서 왕펑거의 명령을 기다리고 있다.

조선혁명군 모든 특무대의 자유활동 구역은 아래와 같다.

갑: 중대장 문학(문학빈文學彬을 가리키는 듯: 저자주)은 유하, 통화, 집안 등 현에서 활동.

을: 부사령관 박대호는 홍경, 환인, 통화 등 현에서 활동.

병: 양세봉은 길림성 반석현 내를 통제, 공산비적은 곧 목적지로 출발.

상술한 각 단체들은 상당한 기간 동안 단독으로 활동한다. 왕펑거는 무송撫松 지역에서 반만反滿(반만주국 투쟁: 저자주) 단체들을 통합한 후 항일작전계획에 의해 항일전선으로 이동하여 활동하게 된다.

③ 봉천경찰정보 제346호 비적 토벌 506

통보(정보 보고) 8월 23일 오전 10시 봉천성경비사령부에서 대동 2년 (1933년) 8월 24일 접수.

"선비 (조선)혁명군이 일한합방기념일에 압록강철교 파괴설"

정보에 의하면 선비 국민군이 8월 29일에 군사, 경제에서 가장 중요한 작용을 하는 압록강 철교를 파괴할 계획이다. 모 방면에서 미국제 작탄炸彈을 운송해와 삼각지대에서 상륙하여 혁명군 사령관 양세봉이 비밀리에 파견한 심복 부하 김보국金保國, 정재명鄭在明 기타 4~5명을 어부로 변장시켜 삼각지대에서 임무를 받고 철교 하류지방인 안동安東 연안에서 지정 시간에 상륙하여 목적을 실현한다. 그러나 진위가 불투명함.

④ 봉천경찰정보 제352호 비적 토벌 514

(정보 보고) 8월 30일 오전 10시 봉천경비사령부에서 대동 2년(1933년) 9월 1일 접수.

"비적 (조선)혁명군의 지부 확대설"

최근 관전현 경내에 잠복해 있는 국민부 혁명군 사령관 박대호朴大浩는 흥경현 왕청문의 조선혁명군 고문 양하산梁荷山(본명 양기하: 저자주)과 연계하여 흥경현 경내 읍내 및 통화현 제4구 영액포英額布 방면에 지부를 설립하여 사회치안을 문란케 하려고 시도하고 있다.

위 자료에는 조선혁명군 관련 정보가 있지만, 정확하지 못한 정보도 포함되어 있다. 예를 들면 1932년 2월경 양하산(양기하)은 이미 희생되었는데, 적은 이를 알지 못하고 있었던 것이다. 그러나 이러한 자료들은 양세봉과 조선혁명군이 의연하게 활동하고 있었으며, 그들이 동변도 지역 동부의 왕펑거 부대와 연계를 갖고 있었고 리춘룬, 덩톄메이, 마오커슈苗可秀 등 중국의용군 부대와 연합하여 일본군, 괴뢰 만주국군을 상대로 완강하게 항일유격전을 벌이고 있었음을 잘 보여준다. 이러한 정보들은 일본군과 괴뢰 만주국 당국의 불안한 상황을 드러내고 있다고 할 수 있다.

양세봉과 조선혁명군 부사령 장명도

장명도張明道(1904~1937)의 본명은 장세량張世良이고 별명이 '장포수'였다. 몸집이 크고 힘이 좋아 하루에 100리를 걸었으며, 양손으로 총을 사용하는 명사수로 이름이 났다. 그는 1904년 평안북도 신의주에서 태어났는데, 1915년경 중국 요녕성 관전현 마가자촌馬架子村으로 이주하였다. 그곳에서 그는 농사를 지으면서 엽총을 구입하여 겨울철에는 사냥을 하여 생계를 이었다. 그런데 1931년 일본 관동군이 중국 동북지방을 침략하여 만주사변을 일으키고, 이듬해 3월 괴뢰 만주국을 세우자 이에 항거하는 중국의용군이 대거 봉기하고, 조선혁명군도 이에 동조하여 이들과 협력, 항일무장투쟁을 본격적으로 벌이게 되었다.

특히 조선혁명군 총사령 양세봉은 군사부문 사업 가운데에서도 군사교육을 통한 인재양성에 큰 관심을 갖고 역점을 두어왔다. 그는 신빈현 왕청문 산구山溝에 조선혁명군 사령부를 설치하고, 흩어진 조선혁명군

대원과 한인 청장년을 널리 소집하고, 또 단기 사관학교를 세워 군사인재를 배양하기 위해 노력하였다. 이를 위해 통화현 강전자에 속성군관학교를 세우고, 독립군 장정을 널리 모집케 하였다. 이 소식을 들은 장명도는 생업으로 삼았던 농업을 버리고 독립군에 참가하게 되었다. 양세봉은 장명도의 사격술을 높이 평가하여 그를 속성군관학교에 보내 단기간에 소정의 교육과정을 마치게 하였다. 그 후 양세봉은 장명도를 독립군 특무대 사령부(양세봉이 사령을 겸함) 호위대 중대장에 임명하였다.

조선혁명군 호위대 중대장 장명도는 평상시에 사령부의 안전을 책임지는 경호 임무를 담당했을 뿐 아니라, 작은 전투부대를 조직하여 신빈현 영릉, 왕청문, 쌍립자雙砬子, 환인의 향수하자, 횡도천橫道川, 사첨자沙尖子, 압록강 연안을 돌아다니며 적과 싸웠다. 민첩한 유격전술과 번개같은 기습전술로 압록강 연안의 동변도 20개 현의 군경 관서에 출몰하여 각종 무기와 탄환을 빼앗았으며, 전화선 등 통신선을 절단하고 일본·만주국 군경과 관헌을 처단하는 등 큰 전과를 거두었다. 이에 따라 괴뢰 만주국 봉천 경비사령부의 『봉천정보奉天情報』 제131호는 그의 활약을 다음과 같이 서술하였다.

두령을 알 수 없는 무장 한인韓人 독립단 50여 명이 스스로를 리춘룬의 특무대라고 칭하며 항상 2·3·4·5도구道溝 및 홍묘자 일대에 웅거하는데, 아직 약탈사태는 없었다.

특히 장명도의 군사적 재능은 양세봉의 주목을 받아 사령관 양세봉을

조선혁명군 중대장 최윤구 기념비

돕는 여러 가지 임무를 맡게 되었다. 1933년 1월 조선혁명군 총사령관 양세봉은 신빈현 왕청문 남의목수둔南依木樹屯에서 전군 간부회의를 소집하여 이 회의를 주관하였다. 이 회의에서 한검추를 제1방면군 사령에, 최윤구를 제2방면군 사령에, 장명도를 제3방면군 사령에 임명하였다. 이때 장명도는 다음과 같이 포부를 밝혔다고 한다.

나는 총을 다룰 줄 아는 농민포수이고, 부대에 온 지 16개월밖에 안 되었는데, 양사령이 자신을 (3방면군) 사령으로 임명하여 부담이 크고 책임이 크다. 수장首長의 기대를 저버리지 않고 조선 독립을 위해 공을 세우고 죽어간 친한 이들의 한을 풀 결심이다!

제3방면군 사령에 임명된 뒤 장명도는 '살적토역殺敵討逆, 애국독립'을 군사훈련의 종지宗旨로 삼아 솔선수범하고, 자신의 훌륭한 기량으로 장병들에게 사격술을 열심히 가르쳤다. 또한 부대의 군사훈련을 엄격히 하여 조선혁명군 독립군이 실제 전투 시 필요한 여러 가지 전투기술 및 전술을 익히게 하였다.

조선혁명군이 치열한 항일무장투쟁을 전개하고 있을 때 일본 관동군과 괴뢰 만주국군 당국은 만주국 민중을 동원하여 새로운 경비도로와 전화선 등을 개설하는 한편, 협화회 등 친일조직을 결성하여 항일세력에 대한 탄압을 더욱 강화하였다. 이들은 여러 차례 신빈현의 왕청문, 남기南奇, 홍묘자, 위자곡葦子谷, 환인현의 향수하자, 업주구業主溝 등 조선혁명군과 국민부 등의 주요 근거지에 침입하여 수백 명의 무고한 독립군 장병들과 농민 등을 체포하였으며, 신빈현 북산北山으로 끌고가서 무자비하게 처형하거나 생매장하는 만행을 저질렀다.

특히 일부 살해된 사람들의 머리를 현이나 촌의 경찰서나 경찰분소 앞에 내걸어 사람들에게 보이는 무자비한 행동을 하였다. 어떤 경우에는 나무막대기에 살해된 독립운동가의 머리를 꿰어 만주국군 병사에게 들고 거리를 돌아다니게 했는데, 너무나 참혹하여 차마 쳐다볼 수도 없을 정도였다. 또한 만주국 당국과 일본 영사관 등에서는 조선혁명군 사령관 양세봉과 조화선, 최윤구, 한검추, 장명도 등을 체포하기 위하여 최소 3,000원에서 최대 5,000원에 이르는 거액의 현상금을 내건 포고문을 남만주 각지에 붙였다. 하지만 이들은 일제의 침략에 반대하는 한·중 민중의 성원과 보호 아래 있었기 때문에 침략세력의 이러한 행위는 별다른 효과를 얻지 못하였다.

양세봉은 이에 아랑곳하지 않고 조선혁명군을 이끌고 적과 치열하게 분투하였다. 어떤 경우에는 소규모의 전투대원을 거느리고 적이 전혀 예상치도 못한 관서를 습격하여 총기와 탄약 등의 군수물자를 빼앗아 부족한 독립군의 물자를 보충하였다. 어떤 때에는 교통설비와 경비전화선을 파괴, 절단하여 교통마비와 통신장애를 일으켰다. 또 불시에 산발적으로 항일독립선전 표어나 벽보를 붙이는 등 1934년 9월 전사할 때까지 항일무장투쟁을 그치지 않았다.

조선혁명군의 군량과
군자금 징수 실태

1930년대 중·후반 조선혁명군(정부)의 주요 활동은 조선혁명군을 이념적으로 영도하고 일종의 준자치·행정기관인 자신의 조직을 유지하는 한편, 조선혁명군이란 독립군 부대를 유지하기 위한 자금과 군량, 독립군 병사로 충원할 장정을 모집하는 일이었다. 그러므로 이를 일정한 지역을 기반으로 한 준자치準自治 또는 군정軍政이라 할 수 있을 것이다. 이러한 조선혁명군의 활동을 가능케 하기 위해서는 근거지 내 한인 주민들은 물론 중국인들까지도 철저히 보호하며 생업을 돕고, 그들의 지지와 성원을 이끌어내는 일이 매우 중요했다. 때문에 조선혁명군은 주민들을 보호하고 자발적 협조를 유도하기 위한 여러 가지 수단을 강구했다.

이러한 사실은 1929년부터 1930년대 중반까지 조선혁명당·군에서 근거지 내 한인들로부터 징수한 각종 금품내역을 살펴봄으로써 어느 정도 파악할 수 있다. 일제의 한 극비 보고서는 조선혁명당·군의 이 같

표 2 조선혁명당·군 부과 금품 및 징집 책임자

구분	1929년	1930년	1933년	1932년	1933년	1934년
군량미	좁쌀 2말	좁쌀 2말	좁쌀 3말	좁쌀 2말	좁쌀 2말	쌀 2말
의무금	3.0원	4.0원	4.4원	2.5원	2.5원	1.5원
군구비	0.5원	0.8원	1.2원	1.6원	1.2원	1.5원
징집자	홍화興化지방총감	좌동	좌동	좌동	좌동	제9군구장
이름	박춘근朴春根	박춘근	황헌黃憲	황헌	황헌	김세호金世浩

*자료: 『만주의 중국공산당과 공산비(共産匪)』, 『사상정세시찰보고집(4)』, 97~98쪽.
*비고: 부과대상은 매호(每戶), 징수금 단위는 조선은행권 화폐임.

은 활동을 탐지하고 비교적 상세한 기록을 남겼다. 이를 통해 조선혁명당·군에서 거둔 각종 비용과 군량미, 징집책임자 등을 보면 위의 표 2와 같다.

군량미의 경우 매년 비슷한 분량을 부과하고 있어 의무금의 경우와 대조된다. 이는 아마도 조선혁명군을 위주로 한 대원들의 식량 수요가 거의 일정한 데서 기인한 것으로 추측된다. 실제로 1935년 조선혁명군에서는 독립군 부대원들의 식량을 확보하고 농민들의 생계를 보장하기 위해 환인현의 세력권 내 농민들이 곡물을 반출하지 못하도록 방곡령防穀令을 내리는 비상조치를 취했다. 그런데 우리가 유의해야 할 점은 방곡령을 선포한 목적이 '우선 농민 자체의 식량문제 해결을 위해서'라는 것이다.

이러한 사례는 조선혁명군이 짜임새 있는 체제를 갖추지는 못했지만, 일정한 한도에서나마 동변도 오지 일대의 한인들을 상대로 하나의 자치정부 기능을 수행하고 상당한 정도의 군정을 수행했다는 것을 증명

한다.

조선혁명군은 재정 궁핍을 벗어나기 위해 일정의 불환지폐不換紙幣라고 할 수 있는 식권食券을 발행했다. 이 식권은 조선혁명군이 벽지의 한인韓人 농가에서 식사를 하는 경우 돈 대신 지급하고, 나중에 조선혁명군정부에서 군자금과 군량미를 징수할 때 이 식권을 보이면 1장당 10전꼴로 징수가 면제되었다. 조선혁명군은 이러한 방법을 통해 일·만 군경의 집요한 토벌 공세를 피하고 끈질기게 투쟁할 수 있었다.

국민부 환인지방 경무위원장과 조선혁명당 재정부장으로 활동한 이상관(본명 이정현) 초상화

양세봉은 매우 어려운 형편에서 독립군 등 항일투쟁 세력을 후원하고, 직접 동참하는 남만주 동변도 일대 한인 농민들에게 진심으로 감사하는 마음과 태도를 갖고 있었다. 때문에 그는 늘 그들의 요구와 불만, 주문 사항에 귀 기울이고, 늘 그들의 입장에서 일을 처리하려고 노력하였다. 이에 따라 한인 교민들은 그를 존경하고 아꼈으며 항상 가까이 하려 하였다.

1934~1935년경 남만구의 봉천성(구 요녕성)에서 벼농사를 짓는 소작인의 경우 평균적으로 상지上地가 1년에 47.08원, 중지中地가 24.58원, 하지下地가 13.07원의 수입을 올렸다고 하는데, 1934년 조선혁명군 측에서 부과하는 군량미 2두斗와 3원圓의 의무금 및 군구비는 상당한 부담

양세봉, 박대호 등 조선혁명군 부대의 활동을 보도한 기사(『신한민보』 1934. 4. 26)

이 되는 것을 알 수 있다. 이처럼 징수한 의무금과 군구비(지방비)는 대부분 무기 구입비와 행정비 등으로 쓰이고 조선혁명군 대원들의 급료는 거의 지급되지 않았다. 사실 1930년대 초창기에는 조선혁명당과 국민부의 사무원들에게 보수를 약간 지급하였으나, 지방공소의 사무원과 촌락의 백가장百家長·십가장什家長들에게는 보수를 지급하지 않았다.

1933~1934년 조선혁명군의
독립전쟁과 양세봉의 활약

1933~1934년의 독립전쟁

1933년 가을, 일본 관동군과 만주국 당국은 남만주 동변도의 항일무장
투쟁 세력에 대한 탄압을 더욱 강화하였다. 이에 따라 양세봉은 독립전
쟁과 항일투쟁을 굳게 전개하기 위하여 1934년 3월 상순, 흥경현 홍묘
자에서 다시 조선혁명군 간부회의를 소집하여 독립전쟁의 기치를 세우
고, 다른 항일투쟁 세력과의 연계를 계속 강화하는 방침을 결정했다. 당
시 조선혁명군은 3개 사로 편제되었지만, 실제 병력은 500여 명에 지나
지 않았다.

양세봉은 조선혁명군을 지휘하여 한인 교민들의 집거 지역인 흥경현
왕청문과 방초구芳草溝를 중심으로 하여 통화현 강전자, 집안현 제9구,
환인현 합룡배合龍背 등지에 항일투쟁기지를 건립하였다. 이러한 기지

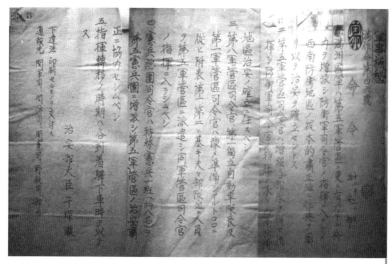

괴뢰 만주국 치안대신 위천청(于琛澂)의 항일세력 탄압 명령문

에서 조선혁명군은 일반 대중과의 관계를 개선하였고, 일종의 교민 자치기관인 국민부는 10집(10호)을 1개 둔屯으로, 100집을 1개 촌으로 정한 후 자치를 실시하였다. 그들은 조선혁명군 후원세력인 한인 교민들의 지지와 성원을 바탕으로 독립군에게 필요한 물자를 해결하였다. 조선혁명군 대원들은 전투가 없는 농번기 때에는 농민들의 논밭일을 도와주었다. 또한 그들은 학교를 세워 학생들을 가르치는 등 애국애족, 국권회복과 독립국가 수립 전망, 국내외 정세 등에 대한 교양을 진행하였고, 다양한 집회, 강연회, 문예활동 등을 통해 항일사상과 행동을 널리 알렸으며, 친일 주구배를 처벌하고 항일성향의 주민들은 적극적으로 보호하였다. 이러한 활동을 통해 군민관계가 보다 가까워졌다. 남만주 근거지 안의 민중들은 자진해서 조선혁명군을 안내하고 적정을 보고하며, 적의

정보를 알려주었다. 농민의 자식들인 한인 청년들은 적극적으로 조선혁명군에 가입하였고, 농민들은 군량과 군자금을 갹출·성원함으로써 조선혁명군의 든든한 힘이 되었다.

1932~1933년경 조선혁명군은 근거지 내 한인 농민대중들의 지원을 받으며, 흥경(신빈), 환인, 통화, 유하 등 서간도 지역 각지에서 여러 차례 일본군과 만주국군의 기병대로 이루어진 '토벌대'를 물리쳤다.

1934년 7월 어느 날, 일본군과 만주국군이 통화현 쾌대무자에서 농민들의 집을 불사르고 학살과 만행을 저지르고 있다는 정보를 입수한 양세봉은 조선혁명군의 1개 사를 보내서 앞길을 막게 하고, 그의 부대를 직접 인솔하여 몇 길로 나누어 적을 맹렬하게 공격하였다. 결국 조선혁명군은 몇 시간의 격전을 거쳐 적 60여 명을 섬멸하고, 많은 무기를 노획하는 등 일본군과 만주국군의 이른 바 '토벌'을 도리어 격파해버리기에 이르렀다.

또 얼마 지나지 않아 양세봉은 조선혁명군 제2사를 거느리고 흥경현 금주령을 넘고 있었다. 그런데 갑자기 산 아래 큰길로 일본군 자동차 한 대가 급히 달려오고 있는 것이 보였다. 그는 적정을 발견하고 곧 부대를 산허리에 매복시켰다. 자동차가 매복 권내에 들어서자 양세봉은 사격명령을 내렸다. 대원들은 집중사격으로 운전수를 사살하였다. 자동차 기름통에 불이 붙자 적재 칸에 앉았던 20여 명 일본군 병사들은 한동안 어쩔 바를 모르고 크게 당황하였다. 이에 양세봉은 대원들을 지휘하여 반 시간도 안되는 짧은 시간 동안에 일본군 전부를 섬멸하였다. 그들은 이때 빼앗은 전리품을 메고 산속으로 이동하였다.

1934년 하반기에 양세봉은 중국의용군의 왕펑거, 쑤쯔위蘇子運 등과 항일 협동작전을 맺는 한편, 양징위楊靖宇가 지휘하고 있는 동북인민혁명군과도 연계를 모색하였다. 당시 동북인민혁명군 제1군 독립사는 휘발하輝發河 남쪽으로 건너가 동변도의 몇개 현에서 유격전을 벌이고 있었다. 양세봉은 중국공산당 계열의 동북인민혁명군이 치열하게 일제 측과 싸우는 것을 보고듣고 하여 그들과 협력을 모색하기로 결심하였다. 그는 1934년에 조선혁명군 간부 4명을 남만주 반석현에 파견하여 동북인민혁명군 독립사 간부들에게 연합하여 항일무장투쟁을 전개할 의사를 표명하였다. 독립사 간부들은 그 의견에 적극 찬성하였다. 또 1934년 2월 남만주 임강현臨江縣 성장립자城薔砬子에서 항일무장투쟁을 위한 통일전선 조직 '항일연합군총지휘부'를 건립한 양징위는 대표 두 사람을 흥경현에 주둔하고 있던 양세봉에게 파견하여 일제 침략세력에 대한 공동항전을 제안하였다. 양징위는 중국공산당의 항일주장을 천명하고 연합하는 문제에 대해 조선혁명군의 의견에 찬성하였으며, 동북인민혁명군 독립사는 조선혁명군의 항일투쟁을 지지하고 협조하겠다는 의사를 표시했다고 한다.

이상의 내용을 종합해 보면 조선혁명군은 적어도 1933년 중반을 지나면서 공산당 세력과의 연대를 모색하고자 했으며, 이는 남만 지역에서 공산당 세력을 포함한 반만군의 활동이 일제에게 심각한 영향을 끼치는 가운데 강화되는 측면이 있었던 것으로 보인다. 그리고 남만 지역에 대한 일제의 치안숙정공작이 강화될수록 양측의 연합은 그 필요성이 보다 현실적인 문제로 제기되었을 것으로 보인다.

그러나 양세봉 생전에 조선혁명군과 동북인민혁명군의 연합 항전은 실현되지 못하였다.

1934년 중국 관내 지역과의 연계를 위해 남방으로 이동했던 김학규는 조선혁명군의 활동상을 다음과 같이 전하고 있다.

조선혁명군은 조선혁명당의 당군黨軍입니다. … 이후 전열을 재정비한 조선혁명군은 양세봉을 총사령에 추대하였습니다.

(1932년) 3월 10일, 조선혁명군은 중국의용군 왕퉁쉬안王彤軒·량시푸梁錫福 부대와 함께 신빈 왕청문旺淸門에서 기의하여 무순撫順으로 진공하였습니다. 이에 신빈에 주둔하고 있던 적위군이 대거 침공하여 사방의 고지를 점령하고 공격을 퍼부었습니다. 1시간의 격전 끝에 중한의 연합부대는 고지를 탈취하였고, 적군은 100여 구의 시체를 남겨둔 채 패퇴하였습니다. 당일 오후 중한 연합군은 다시 공격을 계속하여 신빈현성 서쪽의 영릉가성永陵街城을 점령하고 적위군과 5일간의 격전을 벌였습니다. 이후 중한 연합군은 목기·흑우·상병하上兵河 등을 점령하여 커다란 전과를 올렸습니다. …

요녕민중자위군은 이후 환인·통화·신빈·집안·임강·유하·장백·관전·개원開原 등 20여 현을 수복하였습니다. 가장 세력이 왕성할 때 자위군은 20여 만 명을 헤아렸으며, 7개월간 수백여 차례의 대소 전투를 벌이는 등 요녕 최대의 항일집단이었습니다. 조선혁명군은 항일작전을 벌이는 외에도 통화 강전자에 조선혁명군 속성군관학교를 두었습니다. 양세봉이 교장을 맡은 이 학교에서는 2,000여 명의 청년학생이 군사훈련을 받았습니

신빈현 방향에서 바라본 고구려 흑구산성 전경(가운데 봉우리)   양세봉은 1934년 9월 능선 너머 뒤쪽
기슭에 안장되었다. 앞쪽 한국인 농민들이 개척한 논에는 벼가 자라고 있다.

다. 이 외에도 조선혁명군은 각 특무대 소관구역 내에 노동자 농민 강습
소를 설치하고 한교 농민청년들을 소집하여 군사훈련을 실시하였습니다.
이런 과정을 통해 군사훈련을 받은 강습생 5만여 명은 조선혁명군의 사
병 후보군이었고, 군사학교 학생 2,000여 명은 군관 후보생인 셈이었습
니다.

… 조선혁명군의 일부도 지금 박대호朴大鎬·조화선趙化善·정광호鄭光浩 등
의 영도 하에 압록강 연안에서 활동을 계속하고 있습니다. 장래 한국광복
군이 관외로 진출하게 되면 지금도 관외關外에서 활동을 벌이고 있는 이
들 부대들이 분명 호응할 것입니다.

-「한국광복군소사(1943. 3. 1)」, 『대한민국 임시정부자료집』 제11권

일부 과장된 내용이 있지만, 조선혁명군의 활동상을 상세히 전하고 있음을 알 수 있다. 한편 일본 관동군과 괴뢰 만주국 당국은 남만주 지역에서의 항일반만군의 활동에 대해 날카로운 반응을 보이며, 대대적 '토벌작전'을 전개하였다. 이는 남만주 지역이 지리적으로 식민지 조선과 인접해 있기 때문에 이 지역에 대한 치안 확보는 만주뿐만 아니라 국내에도 중요한 영향을 끼칠 수 있으며, 또한 남만주의 풍부한 지하자원은 전쟁으로 고립되어가고 있던 일본에게 군수산업에 필요한 자원 수급 문제를 해결할 수 있는 전략적 가치가 있었기 때문이다. 탄압작전 초기에 일본 관동군과 만주국군은 우선 탕쥐우가 이끄는 요녕민중자위군에 대해 대대적인 공세를 가하였으며, 1932년 11월부터 1933년 5월까지는 중국공산당 계열의 항일유격대에 대해 4차례에 걸친 '토벌'을 감행했는데 1·2차 공세에는 1,000여 명의 병력이 동원되었으며, 3·4차 토벌에는 5,000여 명의 병력을 동원하여 반석현위원회의 중심지인 파리하投坡離河套 지역을 공격하였다. 이 기간에 양징위와 이홍광이 이끄는 동북인민혁명군은 60여 차례의 전투를 수행하면서 일제 측의 탄압에 맞섰다.

국내 언론에 보도된 양세봉과 조선혁명군의 활동

『동아일보』·『조선일보』 등 언론 보도에 따르면 조선혁명군은 개별 친일파에 대한 숙청작업에도 적극적이었는데, 1929년 11월에는 연길현 옹성라자甕聲蘿子에서 간도 일본총영사관 경찰서의 경부보 쓰보이坪井三代治

를 총살하였으며(『중외일보』 1930. 2. 23), 1930년 4월에는 연길현 용정 시외에 사는 밀정 심용해沈容海 부자를 처단했다(『중외일보』 1930. 4. 8). 이러한 활동은 만주사변 이후에도 계속되었는데, 1932년 4월에는 남만주 신빈현 왕청문 내 영국인병원에서 입원치료 중이던 변절자이자 밀정인 황규청黃奎淸을 처단하였다. 그 여파로 이 지역에서 민회 설립을 준비하던 박노량朴魯良·김봉수金鳳洙·최일화崔逸化 등 다수의 친일 주구배와 영사분관 파견원 2명이 모두 도주하고 말았다.

> 국민부의 세력증대. 왕청문 일대를 점거 당지當地의 공안대를 전부 격퇴, 신빈현 강산령崗山嶺 사건 발생까지 파견원 등 현지 탈출, 의용군과 연락 무장대 편성, 3월 중순부터 행동 개시 흥경興京의 습격도 계획, 민회위원 십수명 피란, 파견원 두 명도 피란해 밀정 혐의자 1명 황규청黃奎淸 암살, 신간부 선임 진용을 정돈, 2만여 동포 집단적 촌락, 동포의 근거가 오랜 지방 염려되는 그 안위.　　　　　　　　　　　　　　－『동아일보』 1932. 4. 22

또한 『조선일보』(1933. 8. 11) 보도에 따르면 조선혁명군이 1933년 8월 29일 소위 '합방기념일'을 기해 조선인 민회 간부에 대한 처단을 계획하고 있었다고 한다. 또 매우 주목되는 사건은 앞에서 잠시 살펴보았지만, 양세봉이 압록강 철교를 폭파하여 일제 식민지 통치에 엄청난 타격을 주려고 했다는 사실이다. 이러한 내용을 보도한 기사의 제목을 일부 열거하면 아래와 같다.

양서봉 등도 안봉선 폭파계획, 9월 18일 기하여 거사설, 5대로 분대활동.

　『조선중앙일보』1933. 9. 4

양서봉 등의 심해선瀋海線 폭파계획, 폭탄 이십여 개를 입수하야 군경이
엄중 경계중.　　　　　　　　　　　『조선중앙일보』, 1933. 6. 3

국민부 양서봉 일파, 심해선 폭파 기도. 경비원을 증가 위계 중.

　『조선일보』1933. 6. 3

○○군 양서봉 일파 압록강철교 폭파 획책.　　　『조선중앙일보』

압록강철교 폭파코저 폭약다수를 밀송, 삼각지대에 이미 상륙시키고, 양
서봉 등이 계획 중.　　　　　　　　『조선일보』1933. 8. 22

이처럼 1933년 6월경 양세봉이 모처로부터 폭탄 20여 개를 입수, 심
해선瀋海線(심양 - 해성 간 철도)을 폭파하고자 하여 군경이 엄중 경계중이라
하였으며, 같은 해 8월 29일에는 소위 일본의 한국 '합방기념일'을 기회
로 국경의 중요 관문인 압록강 철교를 폭파하려고 미국제 폭약을 다량
구입했다고도 하였다. 그뿐만 아니라 9월 18일에는 안봉선安奉線[안동 -
봉천(현재 심양) 간 철도]을 폭파하고자 5개 반을 편성하고 안봉선 각처에서 활동 중
이라는 정보가 있어 일본·만주국 관헌이 경계중이라고 보도하기도 하였다. 당시 만
주 지역의 중요 항일투쟁 세력들은 하얼빈을 출발하여 러시아(포크라니치나야)로

향하는 국제열차나 신경新京(현재 장춘)을 출발하여 청진으로 향하는 국제열차 및 심해선·안봉선·길해선吉海線(길림 – 해성 간 철도) 등 철도에 대해 기습 공격이나 궤도 파괴 활동을 전개하여 일본군이나 만주국 당국을 혼란에 빠뜨리기도 하였다. 따라서 조선혁명군을 이끌던 양세봉도 이들과 비슷한 활동을 구상했음을 알 수 있다.

또한 이 무렵 조선혁명군은 일본군이나 만주국의 우편차량을 공격하여 탈취하기도 하였다.

금월 상순 환인 우편국으로부터 흥경을 경유하야 봉길奉吉연선으로 향하야 우송 중인 우편물 2백 수십 통이 영릉가 동편 삼도구三道溝 부근에서 조○○○군 백수십 명에게 약탈되엇는데, 그 우편물에는 중요한 기밀서류가 다수히 주는 듯하다 한다.   - 『동아일보』 1934. 8. 22

위 기사를 보면 백수십 명의 조선혁명군이 환인우편국에서 흥경을 경유하여 봉길연선으로 향하던 일제의 우편 수송차를 영릉가 동편 삼도구에서 습격하여 우편물 이백 수십 통을 탈취하였는데, 이 가운데에는 중요한 기밀서류가 다수 있는 듯하다고 하고 있음을 볼 수 있다.

이 밖에 조선혁명군은 친일세력에 대한 처단과 군자금 모집 등을 위해 노력했던 것으로 파악되는데, 『동아일보』는 1934년 4월과 5월경 양세봉 휘하의 부대가 재만한인을 대상으로 한 군자금 모집 활동에 대해 다음과 같이 보도하였다.

양서봉 반만군反滿軍과 협력 흥경현 습격을 계획,

잠입한 부하도 무려 삼사백 명 일·만 경관 엄중 경계중

조선○○○ 간부들은 흥경현 환인현에 근거를 두고 잇엇는데 최근에는 환인현 향초하자香草河子에 근거를 두고 부하 수명을 각지에 파견시켜 청년들을 모집하며 농민 1호에 지방세 3원 50전을 징수하여 일변으로 반만군인 소자위군蘇子衛軍과 협력하야 흥경현을 습격키로 계획하고 부하 3, 4백 명을 부근에 잠입시켯다 하며 또 조선○○○ 총사령 양서봉도 부하 1백 20명을 인솔하고 기회를 엿보고 잇는 중이라는 바 일·만 경관은 엄중히 경계중이라 한다.　　　　　　　　　－『동아일보』 1934. 4. 13

양서봉 부하 일파 환인에서 모종 계획,

반만군과 회견코 적극 활동코저 농민에게 호별금戶別金 징수설

흥경 환인, 유하 각현 일대에는 조선○○당 다수가 잠복 활동하든바 최근에는 흥경현에 이동집단이 되어 모종의 계획을 책동 중인 것 같다는 정보가 잇고 또 양서봉과 박모朴某일파는 반만×(항: 저자주)일 군중 유력한 덩테메이, 장취오張聚五(탕쥐우의 오류: 저자주)의 부하와 합류키로 되어 그들은 환인현 부근에 비밀히 회견까지 하고 양서봉 부대는 7개 단에 나누어 각각 그 부근 농민부락에 가서 ○○서전과 호별금戶別金을 징수하러 기동한다는 정보가 잇다 한다.　　　　　　　　　－『동아일보』 1934. 5. 4

『동아일보』(1934. 8. 25)는 조선혁명군의 군자금 모집과 친일분자 처단활동에 대해 비교적 상세하게 보도하였다. 이 기사를 보면 중국 항일

1932년 탕쥐우가 이끄는 요녕민중자위군과 조선혁명군의 군중 집회가 열린 환인현 소학교 터

의용군인 반만군反滿軍과 조선○○(혁명: 저자주)군의 활동이 이즈음 지극히 맹렬하여 압록강 연안의 물정이 자못 소연하다고 하면서 8월 16, 19, 20일에 일어난 조선혁명군의 활동을 설명하고 있다. 대체로 조선혁명군 제2중대장 조화선의 부대원 8~9명은 관전현 내의 여러 지역에서 이주 조선인 각호各戶에 대해 대양大洋 30원씩을 의무금을 준비하라고 명령하는 한편, 만 15세에서 35세 이하의 청소년을 군인으로 알선하라는 '협박문'을 교부하였던 것으로 보인다. 또한 집안현에서는 전 초산경찰서 순사 김용흥金龍興 부부와 가족을 처단하였으며, 이 밖에 이주 조선인 유력자 강제운康濟雲이나 이주 조선인 김곽산金郭山 등에게 군자금을 모집하고자 했으며, 이 과정에서 복잡한 문제가 발생했던 것으로 보도되고 있다.

1934년 6월경 조선혁명군(조선혁명당, 국민부) 편제와 명단

양세봉이 내외적으로 매우 어려운 상황에서도 치열하게 독립전쟁을 전개하고 있던 1934년 6월경 조선혁명당과 국민부, 조선혁명군의 조직체계는 다음과 같았다(「만주와 지나支那의 지하비밀단체에 대하여」, 1936). 조선혁명군 총병력은 400여 명이었다. 조선혁명군의 실상을 이해하기 위해 다소 장황하지만 소개하기로 한다.

조선혁명당

[집행위원회]

- 상무위원: 고이허, 이불이李不二, 양서봉, 김학규, 황준성黃俊聖, 김세호金世浩

- 상무외교위원: 문학빈, 김동산, 김창술金昌述, 윤일파, 최석용, 박춘근, 김두칠金斗七, 최윤구, 장명도, 박대호, 김경근金敬根, 조화선

[자치위원회] 책임자 김동산金東山

[선전위원회] 책임자 전응계田應桂

[군사위원회] 책임자 문학빈文學彬

[북만北滿 지부]

국민부

집행위원장 김동산

[입법] 중앙의회 – 지방의회 – 구區의회 – 둔屯의회

[행정] 지방부·교육부·재정부·공안부[공안대장 장명도(1·2·3소대: 각현 경
         찰 기능), 독립대장 김윤지金允至(1·2·3소대: 국민부 간부 보호)]

   ※ 환인·청원·흥경·유하·집안·관전·통화·무본 지방공소(집행위
      원장)

조선혁명군 사령부(조선혁명군 총 400여 명)

총사령 양서봉, 부사령 박대호, 군사부장 윤일파尹一波, 참모부장 김동이
(김학규)

[제1지휘부장] 윤일파(본명 윤명효尹明浩, 중국군관학교 출신): 통화·집안현
         지방 담당

 • 제1중대장: 한검추(본명 최석용崔錫鏞, 중국군관학교 출신)

   제1소대장 이영식李永植, 제2소대장 장도운張道雲, 제3소대장 강지모姜之模

 • 제2중대장: 조화선趙化善

   제1소대장 김상일金尙日, 제2소대장 최경호崔京浩, 제3소대장 최응선崔應善

[제2지휘부장] 양서봉: 흥경·유하·청원현 지방 담당

 • 제3중대장: 심용준沈龍俊

   제1소대장 고동뢰高東雷, 제2소대장 최학崔學, 제3소대장 이성도李成道

 • 제4중대장: 김동근金東根

   제1소대장 정광호鄭光浩, 제2소대장 김경하金京河, 제3소대장 변일하邊一河

 • 제7중대장: 최윤구崔允龜

   제1소대장 유일광劉一光, 제2소대장 최광룡崔光龍, 제3소대장 이경하李京河

[제3지휘부장] 박대호朴大浩: 환인·집안·관전현 지방 담당

- 제5중대장: 정종식鄭鍾植

    제1소대장 정○○, 제2소대장 이익근李益根, 제3소대장 김광산金光山
- 제6중대장: 유광흘劉光屹

    제1소대장 최동선崔同善, 제2소대장 한광선韓光善, 제3소대장 미상
- 제8중대장: 김추근金秋根

    제1소대장 홍근산洪根山, 제2소대장 김명우金明佑, 제3소대장 정응선鄭應善

조선혁명군과 민중과의 관계

앞의 조직 편제를 보면 양세봉 사령관 체제의 조선혁명군이 매우 짜임
새 있게 운영되고 있음을 확인할 수 있다. 1930년대 중반 조선혁명군을
유력하게 후원했던 남만주 지역(특히 신빈·환인·관전·집안·통화 등 5개 현)
군구장軍區長들은 여러 경로를 통해 입수한 호구조사 자료에 기초하여 지
역 주민들의 재산 정도와 가족 수, 징집 장정들의 연령 등을 파악했다.
그리고 이를 토대로 군량미와 의무금, 군구비軍區費를 부과하고 징병을
담당하여 조선혁명군의 대원을 충원하였다. 특히 이들 군구장들은 관할
지역 안의 한인들로부터 조선혁명군의 행정기관 운영에 필요한 금품을
군향미軍餉米·군자금(군구비)·의무금이란 명목으로 징수했다. 이 경우 군
구장의 결정에 의해 각 둔屯 십가장十家長들에게 '납입고지서'를 발급하고
기한을 정한 뒤, 각 호로부터 직접 거둬 들였다.

　그러나 극빈자나 천재지변에 의해 납부가 곤란한 사정이 생기면 십
가장이 군구장에게 보고하여 부담을 면제해주거나 반감시켜 주었다.

또 군구 경무원 혹은 조선혁명군이 행군 도중 한인 동포의 집에서 숙박하거나 식사했을 때는 증명서를 발행하고, 해당 주민이 후일 십가장에게 이를 제시하여 납입고지서에서 일정액을 공제해주도록 신청하면 이것이 받아들여졌다. 특히 빈곤자의 경우는 대부금을 융자해주고 이자를 받는 방법으로 조선혁명군 정부의 재정수입을 늘렸으며, 어떤 경우는 민심을 얻기 위해 돈이나 곡식을 주어 구휼하기도 했다. 이를 '활빈活貧 활동'으로 규정할 수 있다.

따라서 조선혁명군은 가중되는 일·만 군경 및 만주국 지방관헌의 온갖 탄압과 회유 공작에도 불구하고 일정 기간 동안 강한 민족의식과 반일감정으로 뭉친 한인 민중들을 기반으로 생존하며 적극 투쟁할 수 있었다.

조선혁명군 주도세력은 세력범위 안의 주민을 보호하고 그들의 지지를 얻는 데에 가장 심혈을 기울였다. 그렇게 함으로써 조선혁명군의 생존이 가능했기 때문이다. 해당 지역 주민들에게 약탈이나 폭행 등을 철저히 금지하는 것은 물론, 직·간접으로 주민들을 보호하였다. 특히 다른 비적단 또는 항일부대의 한인마을 습격을 방지하고, 소작조건 등을 둘러싸고 중국인과 분쟁이 발생했을 경우 한인들에게 유리하게 해결해주었다. 이를 통해 조선혁명군(정부)이 항일투쟁에 앞장설 뿐만 아니라, 한민족 '자위조직'의 역할도 수행하고 있음을 인식시켰다

실제로 조선혁명군 참위 이용파李龍坡는 민중과의 관계에 대하여 다음과 같이 증언하였다.

조선혁명군의 목적은 민족의 결속을 꾀하며 조선독립(도모)에 있으므로, 다른 비적단처럼 부농과 영세민을 구별하지 않고 약탈·기타 불법행위를 하지 않으며, 재만 조선인 동포로서 다른 비적단 및 만주국 경찰, 자위단, 일반 중국인의 불법행위로 피해를 받을 경우는 항상 조선인의 편이 되어 인질탈환, 약탈품의 배상 등 복수방법을 강구하여 민족을 철저히 보호하기에 노력했다. 　　　　 −만주국 군정부 고문부, 『만주공산비의 연구』, 1936

조선혁명군(정부)은 수시로 주민들을 모이게 해놓고 다음과 같이 내용의 선전을 행하여 자신들의 입장을 밝히는 한편, 한인 및 중국인 민중들의 항일투쟁을 고무·독려하였다.

일본은 만주를 병합하고 괴뢰국(만주국을 말함: 저자주)을 만들어 이제 동아東亞 정세는 위기에 직면했다. 일본은 곧 소련과 교전하여 패망하게 된다. 그때 만주는 중국에 회복되고, 조선은 동양東洋의 한 대국으로 독립하게 된다.

조선혁명군이 매우 뛰어난 국제정세 인식과 중장기 전망을 수립하고 있음을 알 수 있다. 또 조선혁명군에서는 중국인들에게 다음과 같은 선전을 하여 그들의 성원을 유도하고자 했다.

일본제국주의의 독아毒牙는 동북3성을 점령하고 위국僞國(만주국: 저자주)의 위황제僞皇帝를 만들었으며, 동북민중은 그 때문에 도탄의 고통에 있다. 일본귀日本鬼의 압박으로부터 하루라도 빨리 벗어나기 위해 중국 동북 민중과 조선혁명의용군이 연계하여 일본·왜놈을 동북 3성 및 조선으로 부터 격퇴하고 동북정부東北政府 및 대한국정부大韓國政府를 수립함으로써 우리의 행복을 맞이하자.

"당신들은 조국을 잊지 말고 일본관헌의 압박에 대항하라!"

"우리는 중국민족의 후원자로서 적극 활동하고 있다!"

"만주국 군비軍匪(만주국 군경을 지칭함: 저자주)를 배격하라! 그들은 약탈을 자행하지만, 우리 군대는 결코 약탈을 하지 않고 높은 가격의 대금代金을 지불한다!"

조선혁명군의 이러한 민중 접근 방식과 선전 공작은 상당히 좋은 반응을 불러일으켰다. 한·중인 주민들이 대체로 일·만 군경을 싫어하고 조선혁명군을 신뢰하는 경향이 컸기 때문이다. 이러한 경향은 특히 1936~1397년경 일·만 군경이 소위 '비민분리' 방침에 따라 '집단부락' 건설을 강행하기 시작하면서 더욱 가중되었다. 일제는 항일세력과의 연계를 차단시키기 위해 농민들을 집단수용하는 한편, 공동노동을 강요하고 각지의 분산가옥에 불을 지르는 등 농민들에게 큰 피해를 입혔기 때문에 농민들의 반감이 더욱 가중되었다. 특히 양세봉은 소작농 출신 독립군 사령관으로 한인 교민들 사이에 신망이 매우 높았는데, 권위의식이 없고 스스럼없이 근거지 주민들과 어울리는 등 소탈한 언행으로 군민관계를 북돋웠다.

때문에 당시 일제 측 토벌 담당자는 한인韓人 농민 거의 전부가 조선혁명군의 후원자(일제 관헌들은 이들을 '통비자通匪者'라고 낮춰 불렀음)일 것이라고 판단하고 있었다. 실정이 이러했기에 주민들은 조선혁명군에 정기, 혹은 부정기적으로 금품이나 식량 등을 제공하면서도 마치 국가에 대하여 세금을 내는 것과 같이 별로 불평도 하지 않고 따랐다고 한다. 적어도 조선혁명군의 활동기반이 되고 있던 흥경(신빈新賓)·환인·관전·통화·집안현 등 남만주(서간도) 일부 지역에서는 일종의 군정부가 형성되었던 것이다.

만주 독립군의 어려움

영하 20~30도를 오르내리는 만주의 혹독한 겨울철 산속에서 항전하는 독립군의 어려움과 조국에 대한 그리움을 조선혁명군 장교 출신 계기화는 후일 다음과 같이 생생하게 전했다.

> 눈보라가 휘몰아치는 고산준령에서 산짐승과 더불어 1935년의 봄을 맞은 이 기아飢餓와 영양실조에 걸린 움직이는 해골들은 전원 손발에 동상이 걸렸다. … 바로 아래로는 압록강의 성스런 물이 흐르고 눈앞에는 손에 잡힐 듯이 초산 등 조국의 연봉連峰들이 손짓하는 듯이 보이건만, 다 원수의 말발굽에 짓눌려 죽은 듯하다. 아- 누구를 위한 속죄양이냐, 동포는 아는지? — 계기화, 「3부·국민부·조선혁명군의 독립운동 회고」, 1987

항일투쟁 연대 모색과
일제의 양세봉 암살 특무공작

일본은 1931년 만주사변을 도발하여 만주를 강점한 뒤 각지에서 봉기하는 중국인 의용군을 '토벌'하기 위해 각지에 일본군(주로 관동군)을 분산·배치하여 직접 만주국군을 지휘하며 항일대중을 탄압하였다. 그 결과 중국인 항일의용군은 큰 타격을 받았고 항일투쟁의 기세도 한풀 꺾이게 되었다. 이에 일본 관동군은 1934년 봄 중국 동북의 치안을 만주국 당국에 일단 위임하고 일본군을 철수시켰다.

이러한 시기에 중국 동북 지역에서는 구 국민당계 항일세력은 쇠퇴한 반면 중국공산당계 무장세력이 점차 부상하였다. 양세봉은 이러한 기회를 맞이하여 부대를 3개 사령부 7개 중대 체제로 개편하고 항일무장투쟁을 더욱 강화하였다. 그는 이해 2월에 철도 폭파를 시도하기도 하고 농민들에게 조선혁명당 입당을 권유하는 한편, 중국 동북의 요지에 항일선전문을 살포하는 등 다양한 대중동원 전술도 구사하였다. 또 조선혁명군은 6월에 중국 동부 대도시인 무순 일대까지 진출하여 경관의 자동차를 습격하여 무기를 빼앗았고, 8월 하순에는 120여 명의 대원이 봉길선(심양 – 길림 간 철도) 근처에서 우편자동차를 습격하여 200여 통의 우편물과 적의 기밀서류를 탈취하는 전과를 거두기도 했다.

1933년 말경 조선혁명군을 이끌던 양세봉의 다양한 연대 모색과 적극적 독립전쟁을 보여주는 다음 기사가 주목된다. 물론 진위 여부는 좀 더 객관적 검토를 거칠 필요가 있다.

> 환인, 흥경 등지에 근거를 두고 있는 조선××(혁명)군 총사령 양서봉은 오래전에 각중대장을 신임新任시킨 이래 세력의 확대강화를 목표로 군자금을 모집하던 바, 최근에는 일日·소蘇 관계의 악화를 예상하고 북만北滿 방향으로 진출하여, 소비에트 러시아쪽과 악수하고자 부하 이춘산李春山 이하 5명을 선발하여 소비에트 국경 방면으로 파견하였다.
>
> 또 사천泗川과 북평北平, 천진天津 방면에 있는 조선××(혁명)당도 양서봉 일파의 ××(혁명)군과 연락하여 만철연선滿鐵沿線 일대의 각종기관의 파괴와 암살대를 조직하여 일만日滿요인의 암살을 계획하는 등 결빙기를 앞두고 각종 획책을 진행 중이라고 전한다.　　　　　－『조선일보』 1933. 12. 5

일본 당국은 조선혁명군과 여타 항일세력의 투쟁에 대응하여 다시 동변도 지역에 대한 탄압공작을 강화하였다. 즉 1934년 6월 12일부터 8월 하순까지 5,000여 명의 만주국군을 동원하여 왕펑거 부대와 조선혁명군 등을 목표로 '제4차 동변도 대토벌'을 감행하였고, 같은 해 9월 하순

양세봉 장군의 순국 사실을 '부고'란으로 보도한 기사(『신한민보』)

부터 10월 하순까지 역시 6,000여 명의 대병력으로 '5차 토벌'을 벌였던 것이다. 특히 5차 토벌은 '특별공작'이라고 하여 토벌과 함께 항일세력에 대한 귀순 권유 공작과 매수, 회유 등 각종 사상공작(소위 치본공작治本工作의 일종)을 진행하여 항일세력을 붕괴시키고자 하였다.

특히 일제(일본영사관)는 남만주 지역 한인들은 물론, 중국인들에게도 두터운 신망을 얻고 있는 조선혁명군의 지도자 양세봉을 제거함으로써 이 독립군 부대의 활동에 결정적 타격을 주고자 흉계를 꾸몄다. 즉 관동군의 첩보부대 '동변도유격대'와 통화의 일본 영사분관에서는 밀정 박창해朴昌海로 하여금 양세봉을 유인하여 살해할 음모를 꾸몄던 것이다. 박창해(가명 한의제)는 과거에 양세봉과 왕래한 적이 있던 마적 두목 야동

조선혁명군 사령관 양세봉이 순국한 곳(중국 환인현 소황구)

양壓東洋(일설에는 '亞東洋'이라 표기되기도 함. 본명은 왕밍판王明蕃)을 거금으로 매수하여 1934년 9월 18일(일부 기록에는 9월 19일) 조선혁명군의 주둔지인 환인현 북전자둔北甸子屯에 보냈다. 박창해는 야둥양에게 많은 자금과 뇌물을 제공하면서 양세봉을 일제 측에 투항, 귀순시키라고 사주하였다. 그러나 양세봉이 이 요구를 거절하자 박창해와 야둥양은 조선혁명군 사령관으로 한중 양민족 모두에게 명망이 높은 양세봉을 살해하려는 특무공작을 추진하였다.

남만주 최후의 독립군 사령관
양세봉의 장렬한 최후

과거 한때 항일의 깃발을 내세우고 양세봉과 함께 싸워 안면이 있던 야둥양은 양세봉을 만난 뒤 자기 휘하 대원을 이끌고 조선혁명군에 합세하여 싸울테니 자신의 부대가 있는 곳으로 급히 가서 이 문제를 논의하자고 양세봉을 유인하였다. 양세봉은 의심이 들지 않은 것도 아니었으나, 당장 가지 않으면 참모들이 반대하여 이 일이 성사되기 어려울 것이라고 야둥양이 강력히 주장하는 바람에 끝내 속아넘어가고 말았다. 또 양세봉은 항일투쟁을 계속하기 위해서는 다른 중국인 의용군과도 같이 싸우는 것이 시급하다고 생각했다. 조선혁명군 독자적 세력으로는 강대한 일제 침략세력과 괴뢰 만주국 군경, 관헌 등을 상대하기 어려웠다. 따라서 양세봉은 중국 항일세력의 힘을 얻지 않을 수 없다고 판단하였다. 이에 따라 양세봉은 일제 주구배들이 한중합작 문제를 상의하자고 제안하자, 이를 필요하다고 여겨 장명도와 김두칠 등 몇 명의 참모와 경

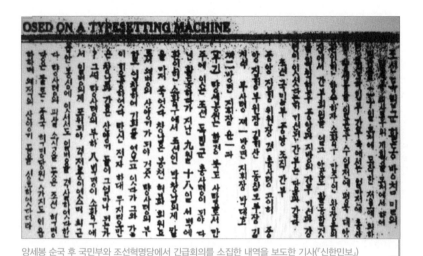

양세봉 순국 후 국민부와 조선혁명당에서 긴급회의를 소집한 내역을 보도한 기사(『신한민보』)

호대원만 데리고 야둥양을 따라 나서게 되었다.

운명의 날인 9월 18일 밤, 양세봉은 그들을 만나러 길을 나서게 되었다. 왕청문에서 환인현 방면으로 중국인 항일세력과 한중합작을 상의하기 위해 길을 나섰던 것이다. 이날 밤은 추석을 며칠 앞둔 음력 8월 10일로 상현달이 어슴프레하게 길을 비추고 있었다. 일행이 밤 11시쯤 (일설에는 9시쯤) 환인현 소황구小荒溝에 이르렀을 때 앞장서 가던 야둥양이 순식간에 높이 자란 옥수수 밭으로 사라졌다. 이와 동시에 주변에 매복하고 있던 일제의 선무공작대는 양세봉을 향해 기습사격을 가했다. 양세봉은 가슴에 두 발의 총탄을 맞고 쓰러졌다. 그를 호위하던 조선혁명군 대원들이 주변을 향해 총을 쏘았지만 적은 순식간에 길게 자란 옥수수밭 속으로 사라지고 만주 벌판의 스산한 바람이 불어올 뿐이었다.

양세봉이 중상을 입고 쓰러지자 동료들은 그를 들것에 싣고 가까운 동포의 집으로 옮겨 정성스럽게 간호하였다. 하지만 워낙 상처가 심하여 회복되지 못하고 만 하루 반이 지난 9월 20일(음력 8월 12일) 오후 1시 6분에 통한의 눈을 감으니, 그의 나이 불과 39세였다. 이렇게 하여 거의 15년을 풍찬노숙하며 헌신적으로 일제와 투쟁해오던 항일투쟁의 영웅은 희생되고 말았던 것이다.

양세봉이 순국한 뒤 동지들은 그를 가까운 신빈현 쌍립자 한인 마을 뒷산인 고구려 흑구산성黑溝山城 아래 삼성자에 가매장하였다. 그런데 통화의 일본영사관에서 이 소식을 탐지하고는, 일본군 이노우에井上 부대를 파견하여 양세봉의 가묘를 찾아내 목을 잘라오라고 명했다.

현지의 한인들은 일제 당국에게 독립군 사령관의 시신을 빼앗기지 않으려고 정성을 다하여 흑구산성 안의 좋은 명당자리에 적이나 다른 사람이 알아볼 수 없도록 봉분이 없는 평장平葬을 하였다. 그러나 그 이튿날 오후 통화에 있는 일본영사관 경찰과 헌병들이 이 소식을 알고 한인 마을에 들어와 마을 사람들에게 총을 들이대고 양세봉의 시신을 파내라고 위협하였다. 더욱이 잔인무도한 일본 경찰들은 양세봉의 시신을 끌어낸 뒤 마을의 김도선金道善 촌장에게 양세봉 사령관의 목을 작두로 자르라고 명령하였다. 그러나 김도선은 "우리 독립군 사령관의 목을 절대로 자를 수 없다"라고 하며 완강히 거부하였다. 결국 일경은 김도선이 시키는 대로 하지 않는다고 그를 총살하고, 양세봉의 머리를 작두로 잘라 가지고 가서 통화 시내 거리에 높이 매달아놓는 '효시梟示'를 저지르는 만행을 저질렀다.

양세봉 사살 소식을 보도한
기사(『매일신보』)

현재 양세봉 장군의 흉상(중국 요녕성 신빈현)

　　조선혁명군 사령관 양세봉이 피살되었다는 소식이 널리 전해지자 부
근 조선혁명군 관할 지역의 한인들은 비통한 심정으로 그를 추모하였
다. 또 조선혁명군 동지들은 그의 머리를 회수하려 하였으나, 끝내 성공
하지 못하였다. 중국공산당 계열의 동북인민혁명군 제1군 독립사 지휘
원들도 연합작전을 주장했던 항일명장을 잃고 매우 애석해하였으며, 중
국 동북 지역과 관내에서 발행되던 진보적 잡지들 역시 추도문을 실어
양세봉의 죽음을 안타까워 하였다.

　　양세봉의 순국은 조선혁명군의 투쟁에 큰 손실이었다. 중국 관내에서
출판되던 항일 잡지 『흑백반월간黑白半月刊』 제10기는 다음과 같이 그의
죽음을 애도하였다.

그는 수년 동안 분투하며 혁명의 구호를 불러일으킨 조선혁명의 걸출한 영수 중 한 사람이다. 이제 그가 희생되니 조선 독립운동의 전도에 큰 영향이 미치게 되었다.

이 기사의 예측대로 총사령관 양세봉이 피살된 뒤 조선혁명군의 활동은 더욱 어려워졌다. 때문에 1934년 말경 조선혁명당은 유명무실한 국민부를 해체하고 그 조선혁명군에 편입시켜 '조선혁명군정부'라는 통합 군정부체제를 출범시켰다. 위원장은 김동산(본명 김진방金鎭邦)이 맡았고, 후임 조선혁명군 사령관은 김활석金活石이 맡아 독립전쟁과 조선혁명이라는 숭고한 목표를 향해 매진하였다.

양세봉의 순국과 추도 물결

1932년 양세봉의 조선혁명군과 함께 요녕민중자위군을 이끌고 중국 측 사령관을 맡았던 왕퉁쉬안은 양세봉 장군의 순국 소식을 듣고 후일 다음과 같이 안타까운 심정을 토로하였다.

> 슬프다! 산하는 그대로 있건만, 인사人事는 기대에 어긋났다. 양세봉·양하산 두 장군은 전후前後해서 전망하고 김학규 대표는 관내關內(산해관 안의 중국 본토)로 들어갔다.
> — 『한민』

한편 양세봉 장군이 적의 흉탄에 피격, 순국했다는 소식은 저 멀리 미국 하와이에 거주하는 한인 동포들에게도 전해졌다. 양세봉 순국 며칠 후 『신한민보』는 비교적 큰 지면으로 양세봉 장군을 추도하는 특집기사를 게재하여 그의 생애와 활동을 정리·보도함으로써 독자들에게 그 사실을 알리고 만주 지역 독립운동의 실상을 전하고자 하였다. 이하 그 내용을 소개하면 다음과 같다.

조선혁명당 중앙상무집행위원 겸 혁명군 총사령
고 양세봉 동지의 순국을 추도함

조선혁명당 대표 최동오, 김학규

고 양세봉 동지의 자는 희근이요 호는 벽해요, 평북도 철산군 인이라. 동지는 1934년 9월 18일 하오 11시 경에 불행히 중국 요녕성 환인현 제4구 소황구에서 왜적의 주구 왕한(해 왕학은 중국인 마적단 야둥양 괴수로 최근 일본군에게 투항한 자임)에게 의외의 저격을 당하여 동월 20일 하오 1시 6분에 마침내 순국하였다.

아! 슬프다 동지여. 동지는 구국 구민救民의 대지大志를 품고 우리 운동에 헌신 이래 10여 년간 긴 세월을 하루같이 국경 방면 만주에서 적과 악전고투를 꾸준히 하여 오다가 불행히 적의 독계毒計에 빠져 복부 및 견흉부肩胸部에 두 개의 적탄을 받아 최후의 치명적 중상을 당하였다. 동지들의 구호로 친절한 치료를 받았으나, 복부에 깊이 잠겨있는 탄환은 발췌할 도리가 없었다. 동지는 최후의 신음을 하면서 최후의 숨이 끊기는 찰라까지 좌우에 있는 동지들에게 "조선의 독립 자유를 완성하기 위하여, 조선 민족의 자유 행복을 도모하기 위하여, 최후 성공이 있을 때까지 왜적과 계속 투쟁하라! 조선독립 만세! 조선혁명 성공 만세! 일본제국주의 박멸! 한중 민족연합 항일! 세계 피압박 민족 단결!" 등의 구호를 유촉遺囑 삼아 영명히 불렀고, 우리 혁명의 미진한 사업을 그대로 남겨놓고 그 흉중에 가

양세봉 장군 추도기사(『신한민보』 1934. 9)

득한 유한遺恨을 그대로 머금고, 마침내 3일 만에 시년是年 39세의 장년을 일기로 다시 오지 못할 그 먼 길을 영원히 가고 말았다.

아! 동지의 육신은 비록 이 세상을 떠났으나, 동지의 그 정신은 영원히 죽지 아니 하리라. 동지의 최후로 우리에게 들려준 그 영명한 유촉은 조선혁명군 전체의 정신에, 아니 우리 일반 혁명 운동자의 정신에 영원히 사라지지 아니하고 활약하리라. 동지의 가정에는 칠십 고령의 자친慈親과 29세의 미망인과 세 동생 및 아직 강보에 쌓인 어린 자녀들이 있다고 한다.

수년을 격하여 남북 만리에서 서로 소식을 알지 못하여 궁금하던 차에 동지의 조난 소식을 내외국 신문으로 들은 적에 허虛인가 실實인가 마음에 의아疑訝를 마지 못하다가 최근 당 간부의 정식 부고를 보게 될 때에, 실로 두 눈이 아득하리만치 애통함을 마지 못하였다. 그러나 우리는 한갓 이 통분으로만 동지의 영靈을 위안할 것이 못 된다. 동지의 미진한 사업과 그 유지를 계속하여 최후의 성공이 있을 때까지 분투하는 것으로써 오직 동지의 영령을 위안함이라고 믿는다.

동지의 성정性情이 온후 침착하여 대인對人 접물接物에 화애和愛 과언寡言이 었으며, 기백이 강의剛毅 과감하여 임란臨亂 대적對敵에 용진 무퇴舞退였다. 그 처신은 공평무사였으며, 그 행동은 래○ 광명하여 혁명기율에 가장 복종성이 강하였으며, 동족애·인류애의 열정이 가장 풍부한, 실로 우리 운동계에 드물게 볼 모범적 투사였다.

10여 년래 수백 회의 살적殺敵 위적偉績을 나타냄도 동지의 실천 궁행이었으며, 최근 만주 동변도 일대에 한중 일반 민중에게 광열적 신앙을 받음도 동지의 그 위대한 혁명정신의 소이所以이다.

양세봉의 생애와 성품, 그의 유언까지 상세히 보도하고 있음을 파악할 수 있다. 특히 그의 최후의 유언은 우리에게 깊은 울림을 주기에 충분하다. "조선의 독립 자유를 완성하기 위하여, 조선 민족의 자유 행복을 도모하기 위하여, 최후 성공이 있을 때까지 왜적과 계속 투쟁하라! 조선독립 만세! 조선혁명 성공 만세! 일본제국주의 박멸! 한중 민족연합 항일! 세계 피압박 민족 단결!"

그런데 양세봉이 숨을 거두기 직전 "조선독립 혁명을 완수하지 못하고 적에게 속아 죽고 마는 나는 민족의 죄인"이란 유언을 했다는 현지 동포들의 증언도 있다.

한편 『신한민보』는 양세봉 사령관의 사후 조선혁명군의 동향에 계속해서 관심을 갖고 보도하였다. 특히 일제의 주구배 박창해를 성토하는 한편, 양세봉의 죽음을 중국 혁명당원들까지도 애통해 하고 있다는 소식을 실어 주목된다. 그 내용은 다음과 같다.

조선독립군 활동 방침 밀의

양세봉 피살 후의 계획을 모처에서 하여 ○○○ 20일 모처에 도착한 정보에 의하면, 조선 국민부 간부 측에서는 얼마 전에 총사령 양세봉을 잃은 후 수일 전에 평북 대안對岸 환인현 향수하자 소황구 만주인滿洲人 왕장훈의 집에서 간부 회의를 열고, 앞으로 활동할 것을 획책한 후 중앙과 지방의 간부 미션과 강연이 있었다는데 개선改選된 간부는 다음과 같다.

조선국민부 중앙 조직 간부

중앙집행위원장겸 총사령 고이허, 중앙집행부원장 김해산, 동 참모부장 김치석(김활석의 오류: 저자주), 부사령 제1방면 지휘장 박대호, 제2방면 지휘장 윤일파 … 난신적자亂臣賊子하되 무지無知리오마는 창남과 같은 사냥개들이 그 얼마나 되는가? 그때 양사령의 부하 8백 명이 소황구에서 일병日兵에게 포위되어 격전중이었으며, 최근 집안輯安 봉성鳳城에 있어서도 일병을 격살하였다 한다. 양사령의 피살 소식을 들은 조선혁명당은 물론, 중국 혁명당원까지도 애통해하며 왜적의 사냥개들을 성토하였다더라.

중국 동북항일의용군 기념광장(중국 요녕성 심양)

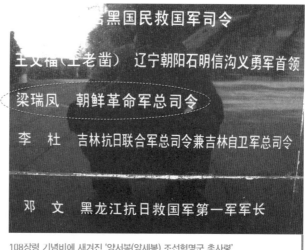

108상령 기념비에 새겨진 '양서봉(양세봉) 조선혁명군 총사령'

한편, 당시 중국 관내에서 발간된『흑백반월간黑白半月刊』제10기에서는 양세봉이 희생된 소식을 다음과 같이 비중 있게 보도하였다. 좀 더 구체적으로 소개하면 다음과 같다.

조선인 지도자 피살

동변도 일대를 누비며 조선 독립운동을 호소하였고, 결사적으로 항일을 견지하였던 조선혁명군 총사령관 양세봉은 9월 19일 오후 9시경에 환인현 제4구 소황구에서 일본 측의 유혹획책誘惑劃策에 의해 살해되었다.

이에 대해 관련 기관에서 조사한 데 따르면 일본주구 박창해(조선인)가 봉천협화회에서 주는 뇌물을 받고 동변도 산속에 잠복해 있으면서 수개월간 정탐하여 양세봉의 행처를 알게 되었다. 주구走狗는 9월 12일 통화 부근의 가장 세력이 큰 비적두목을 매수하여 양세봉을 살해하게 했다. 비적두목은 상담하자는 핑계로 26일(19일의 오보인 듯: 저자주) 양세봉을 유혹하여 지정한 곳에 이르게 했고, 그 부근에 통화에 주둔하고 있는 일본군 수비대, 헌병대 및 위군僞軍(괴뢰 만주국군: 저자주) 경찰 등을 매복시켜놓고 기다리게 했다. 양세봉은 바로 그 매복권에서 살해되었다. 다년간 곳곳으로 다니면서 (조선)혁명을 호소했던 조선혁명군 걸출한 지도자의 희생은 조선 독립운동의 앞날에 커다란 영향을 끼칠 것이다. 양세봉이 암살된 후 조선인들은 비통해하지 않는 사람이 없었다. 조선혁명군 각 중대 중대장들은 현재 추도회를 준비하고 있고 또 이 기회를 이용하여 사령관의 후임자를 선거할 것이다.

양세봉 피살의 경위를 비교적 상세히 파악하고 있고, 그의 사후 조선혁명군 지도부의 동향도 잘 파악하고 있음을 알 수 있다. 또한 중국 요녕성의 성도省道였던 심양에서 발행되던 『성경시보盛京時報』 1934년 9월 21일자는 다음과 같이 보도하였다.

조선혁명당 두목 양세봉을 섬멸

동변도 일대에서 신념을 무기로 일만日滿군에 집요하게 저항하며 폭행을 행하고 있던 조선혁명군 괴수 양세봉이 9월 18일(19일의 오보인 듯: 저자 주) 오후 9시에 환인현 제4구 소황구에서 암살당했다.

이번 암살의 주모자는 봉천협화회원 박창해였다. 박창해는 모 측의 명령을 접수한 후 동변도의 깊은 산속에서 밤과 낮을 이어가며 수개월 동안 결사적으로 정탐하여 9월 12일에 끝내 통화 일대의 가장 강한 비적두목 ××를 회유하는 데 성공했다. 비적 두목은 18일에 양세봉이 있는 곳으로 가서 양세봉을 만나 회유했다. 다른 한 면으로는 일군日軍 수비대, 헌병대, 만주국 각 기관이 서로 연락을 취한 결과 이번 일에 성공한 것이다.

한편 중국공산당 계열의 동북인민혁명군에서 활동했던 부세창傅世昌은 1934년 11월 13일자의 「사령부 최근 활동상황에 관한 중국공산당 만주성위滿洲省委의 보고」를 올렸다. 부세창은 과거 동북인민혁명군 제1사 부사장 한호韓浩를 수행하여 보름가량 활동했고, 흥경현 사도구四道溝에서 양세봉을 만난 적이 있었기에 조선혁명군의 상황을 파악했는데,

그 내용은 다음과 같다.

조선혁명군은 과거 국민당('국민부'를 가리킴: 저자주)의 지도 하에 있었다
(현재는 조선혁명당의 지도 하에 있음). 우리는 흥경에서 처음으로 조선혁명
군 사령관인 양세봉을 만났는데, 그는 우리 측의 정치적 주장에 대해 매
우 환영하였고, 또 연합작전을 요구했다. 이번에 우리 사령부가 흥경에
갔을 때는 사령관이 이미 일군日軍에게 투항한 동양대갑자東洋大甲子에 의
해 살해된 후였다. 조선혁명군은 이미 대표를 파견하여 우리 사령부와의
연합작전을 요구했다. 부대 인원수는 적어도 200명이 될 것이다.

이처럼 조선혁명군 사령관 양세봉의 명성은 남만주 동변도 일대에 한
정되지 않고, 중국 관내의 중국국민당과 중국공산당 세력 양측에도 널
리 알려져 있던 사실을 알 수 있다.

1907년생으로 1915년 부친 허발許抜을 따라 만주 통화현 대황구로
이주했던 허은許銀 여사는 석주 이상룡의 손자(이병화) 며느리로 양세봉
을 가까이서 지켜본 사람인데, 다음과 같은 생생한 증언을 남겼다.

군정서 회의 때 쟁쟁한 인사들 여러 수십 명이 드나들었지만 이름은 거의
알지 못한다. 그중에 생각나는 분 중의 한 분이 양세봉씨다. 이북 사람이
고, 참령參領 벼슬 한 무관이었다. 인물 잘 나고 키도 컸다.
당시 옷차림은 중국인처럼 변장하느라고 다들 검정 두루마기 같은 중국
옷을 입었다. 독립군들 대개가 입성은 초라했지만 대문에 들어서면 집안

양세봉의 묘가 있던(산봉우리 동남쪽 기슭) 고구려 흑구산성 원경

이 환해질 정도로 모두 인물들이 좋았다. 그중에도 양세봉 씨는 특히 그
랬다. 내가 열두 살일 때 그분은 서른 살 좀 너머로 보였다.

무오년(1918년) 고종황제 돌아가셨을 때에(연대를 착각한 듯하다: 저자주),
우리 집(결혼 전 친정)에 오셔서 한 달 정도 계셨다. 내가 가을 고추 서리
추수해서 널어 말리는데 양세봉 씨가 집으로 들어가다가, 내 손을 두 손
으로 꼬옥 쥐어주시며 "우리 때문에 어린 네가 이렇게 고생한다" 하셨다.
손이 시려울 때라 마주 쥐어주시는 손길이 무척 따뜻하고도 고마웠다.

그렇게 내 기억에 남아 있는 분을 나중 시가에서 또 뵙게 되니 친정 부친
뵈온 듯했다. 나라 위해 중임을 맡으신 분이면서도 다정하고 인자하신 성
품은 오래도록 잊혀지지 않는다.

한번은 양세봉 씨가 대낮에 집에 불쑥 왔더란다. 밤낮으로 가정도 안 돌

한국의 국립현충원과 북한의 애국열사릉에 있는 양세봉의 묘와 묘비

보고 밖에서만 활동하던 이가 낮에 집에 와서 부인을 방으로 들어오라고 했다. 갑자기 그러니 방으로 들어서는 부인이 그만 가슴이 두근두근해지더란다. 왜 그렇게 가슴이 펄떡거리냐고 남편이 물어서 겁이 나서 그런다고 대답했단다. 혁명가의 아내가 그렇게 겁이 많아서 어디에 쓰겠냐고 하면서 가만히 보듬어주더란다. 그래 놓고는 또 훌쩍 어디론가 가버렸단다. 그런 일이 있은 후 그 아내는 아기를 낳았다. 시동생이 아기 소식을 전해주러 수소문해서 찾아갔더니, "그래 뭐 낳았냐?"고 해서 아들이라니까 "그러면 뭣하러 왔냐? 빨리 가라"고 하며 딱 하룻밤 재워 보냈더란다. 먼 곳까지 물어물어 찾아갔는데…. 일본놈들이 알면 아기도 위태롭다는 걸 미리 느꼈던가 몰라.

― 허은, 『아직도 내귀엔 서간도 바람소리가』, 정우사, 1995

이러한 이야기를 통해 양세봉이 다정다감하고 인자한 성격이었음을 알 수 있다. 또한 한편으로는 조국광복과 대의, 공공선을 위한 공무에 헌신하며 자신의 사생활과 감정은 극도로 자제하는 대범함과 공인의 투철한 자세를 갖추고 있었고, 투철한 각오를 다짐하고 있었음을 알 수 있다.

조선혁명군의 변천과
독립운동

국민부와 조선혁명당 두 조직은 출범 직후부터 남만주의 서간도 일대 한인 교민들을 기반으로 일정한 자치조직과 독립운동의 영도정당으로 기능하며 큰 성과를 거두었다. 특히 재만한인들을 상대로 일종의 자치정부 역할을 수행했던 국민부는 한때 '국민정부'라는 이름을 내걸고 남만주 지역의 한인들을 아우르는 정통세력으로 상당한 역할을 수행하였다. 이러한 국민부와 항일무장투쟁을 전담하는 독립군인 조선혁명군, 그리고 이 두 조직을 영도하는 조선혁명당은 서로 밀접한 관련을 가지며 1930년대 초 남만주 지역의 한인 민족운동을 주도하였다.

그러나 1931년 9월 일본제국주의의 중국 동북 지방 침략(만주사변)과 그에 따른 괴뢰 만주국의 수립, 그리고 이후에 지속된 일제 측의 항일투쟁 세력에 대한 일대 탄압은 만주 지역 각지에서 봉기한 여러 계통의 중국인 항일의용군은 물론 국민부 및 조선혁명군, 조선혁명당의 투쟁에 적지 않은 어려움을 초래하는 것이었다. 그리하여 양세봉이 사망한 직후인 1934년 말에 이르면 국민부와 조선혁명당의 각 지부조직은 일부 지역을 제외하고는 거의 유명무실해진 반면, 조선혁명군은 평안북도 건너편의 남만주 산악지대를 기반으로 치열하게 항일무장투쟁을 계속하고 있었다.

조선혁명당은 1930년대 남만주 지역 독립운동을 영도하는 지도정당으로서 한인 교민 자치조직인 국민부, 한인 교민 자위조직이자 독립군인 조선혁명군을 영도하는 중추적 기능을 수행하였다. 그러나 일본제국주의 세력과 괴뢰 만주국 군경 및 당국의 탄압이 가중됨에 따라 1930년대 중·후반부터 극심한 인적·물적 손실을 입게 되면서 조선혁명당과 국민부, 조선혁명군 조직의 주요 간부들은 거의 동일한 핵심적 구성원들이 번갈아 가면서 주요 보직을 담당하거나, 중첩되는 직책을 맡아 한계를 드러내기 시작했다. 1929년 말부터 중국국민당이나 중국공산당과 같은 당·정·군 체제를 유지했지만, 시일이 흐를수록 이 세 조직의 구분이 모호해지게 되었던 것이다.

양세봉 순국 전·후 무렵의 조선혁명당과 국민부, 조선혁명군의 편제와 주요 간부 명단을 살펴보면 다음과 같다. 새로 발견된 자료로 조선총독부 경무국에서 1934년 12월에 정리한 비밀자료 「국외 조선인 불온단체 분포도」의 내용을 정리한 것이다. 조선혁명군은 사실 만주에서 1938년, 최후까지 독자적 조직을 유지하며 일제 침략세력과 괴뢰 만주국 군경 관헌 등과 싸워온 민족주의 계열 독립군이었다. 이에 최후단계 편제와 명단을 기록 보존 차원에서 소개한다.

다음 간부 명단을 보면, 조선혁명당과 조선혁명군 중앙집행위원 명단
이 거의 겹침을 알 수 있다.

*흥경현 지방: 조선혁명당·국민부·조선혁명군 근거지[교민들에게 '수도
 (서울)'로 인식됨]

조선혁명당

[집행위원회]

- 위원장: 고이허玄海
- 위원: 김활석金綽·文彬·文武卿·傅价·李文雛, 윤일파, 안광선安光善·安松·元尙
  勳, 김두칠金雲亭, 최석용崔錫峰·韓劍秋, 박대호朴大浩·靑菴, 조화선秋岳, 김
  학규東耳

국민부

[중앙자치위원회]

- 위원장: 김동산鎭邦
- 위원: 김두칠, 안광선, 유일선柳一善, 김세호金世浩, 김은진金殷鎭·琴南

[행정집행위원회]

- 총무부장: 김동산
- 지방부장: 안광선
- 재무부장: 유일선
- 교양부장: 김세호

- 공안부장·외교부장: 김두칠

[통화지방 집행위원회]

- 위원장: 김상규金相奎·文秋

[집안지방 집행위원회]

- 위원장: 황국선黃國善

[환인지방 집행위원회]

- 위원장: 박종수朴宗洙

[관전지방 집행위원회]

- 위원장: 오단은吳丹殷

조선혁명군

[군사위원회]

- 위원장: 김활석
- 위원: 윤일파, 고이허, 김두칠, 장명도, 김득해金得海, 최석용, 최윤구崔允龜, 김학규, 조화선, 박대호, 이영걸, 김경근金敬根
- 상임위원: 김활석, 윤일파

[군정부]

- 부장: 김활석
- 비서장: 김성대金聲大·明菴
- 재무국장: 김해산金海山·聲秋

[총사령부]

- 총사령장: 김활석

- 부관: 김광욱金光旭·友民

- 총참모장: 윤일파

- 비서장: 최시오崔時吾

- 훈련국장: 김윤걸

- 군수국장: 미상, 국원局員, 김영오金永吾

[별동중대]

- 대장: 정재명鄭在明·春江

- 소대장: 이용삼李龍三

- 부사副士: 김치화金致化

- 참사參士: 백남빈白南彬, 이철李哲

[제1방면 사령부]

- 봉성鳳城·관전·집안·통화·임강·무송撫松·장백 각현 관할

- 사령장 최석용, 부관 전익은田益殷, 군수국장 이인근李仁根

- 제1중대(대원 80명): 대장 김경근金石崗, 부관 이덕여李德汝·如松, 소대장 정봉길鄭奉吉·문내찬文酒贊

- 제2중대(대원 80명): 대장 조화선, 부관 박동근朴東根, 소대장 최응선崔應善·김창화金昌和, 참사 이동백李東伯·一鳳

- 제3중대(대원 70명): 대장 이영걸, 부관 김상호金相浩, 소대장 이영조李永祚·김리제金利濟, 참사 강병룡康炳龍·김병룡金炳龍

[제2방면 사령부]

- 흥경·환인·청원淸原·유하·무순·본계本溪 각현 관할

- 사령장 박대호朴大浩, 부관 김영해金永海·永辰, 군수국장 하창파河滄波

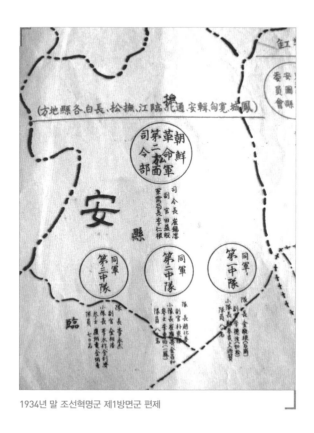

1934년 말 조선혁명군 제1방면군 편제

- 제4중대(대원 50명): 대장 김득해金得海, 부관 김효성金孝成, 소대장 김
  기선金基善
- 제6중대: 대장 장명도, 부관 정응선鄭應善, 소대장 차남車南·정한식
  鄭漢植
- 제7중대(대원 70명): 대장 최윤구崔允龜, 부관 김강수金崗秀, 소대장 김
  광해鳴宇

[길흑吉黑특별위원회]

- 동녕현東寧縣 주둔
- 간부 이종락, 부하 10여 명

일본 군경과 만주국 당국의 탄압으로 큰 어려움을 겪고 있던 1934년 말경에도 조선혁명군 전체 규모는 500여 명가량이었던 것으로 파악된다. 나름대로 중앙군, 일종의 정규군이자 '국군'이라고 할 수 있는 이 병력 외에도 국민부, 조선혁명당·군 세력권 안의 한인 교민 자제들을 망라하는 지방군 또는 예비군이 1,000여 명 편제되어 있었다.

이처럼 조선혁명군의 역할과 비중은 상대적으로 커지게 된 반면, 조선혁명당과 국민부는 조선혁명군의 항일무장투쟁을 뒷받침하는 지원부서로 전환하게 되었다. 즉 국민부는 조선혁명군의 투쟁을 뒷받침하기 위한 교민 의무금의 징수와 군량확보, 첩보수집 등의 활동이 주요 임무가 되었고, 조선혁명당의 경우도 사실상 지방조직은 거의 와해되어 중앙조직만을 유지할 정도였던 것이다. 이에 조선혁명당과 국민부, 조선혁명군의 주요 지도자들은 1934년 11월 11일 대표자회의를 열었다. 여기에서 행정조직인 국민부와 군사조직인 조선혁명군을 통합하여 '조선혁명군정부'라는 통합기관을 조직키로 결의하였다. 이를 통해 나름대로 영도정당(조선혁명당)·자치정부(국민부)·독립군(조선혁명군)으로 구분되었던 권력과 기능의 분담체제를 해소함으로써 효율적인 주민의 통할과 항일무장투쟁 등을 도모한 것이다.

조선혁명군정부는 제도적으로는 비밀 정당조직인 조선혁명당 중앙집행위원회의 관할하에 편제되어 조선혁명당 영도자들의 지도방침을 따르게 되어 있었다. 즉 '문민통제文民統制'의 원칙을 따르고 있었다.

조선혁명군정부는 양세봉 사후인 1935년 초부터 중국공산당이 이끄는 항일무장 조직과 연대를 모색하였으며, 경우에 따라 공동회의를 개최하고 적을 상대로 공동투쟁하였다. 실제로 그해 1월 조선혁명군정부는 동북인민혁명군 제1군 사령부에 대표를 보내서 연합작전을 요구하였다. 사실 중국공산당 만주성위원회는 조선혁명군의 활동을 일찍부터 주목하고 이미 1931년 3월경부터 합작의 대상으로 간주하였다. 특히 양세봉이 사령관으로 활동하고 있던 1934년 3월 경에 중국공산당 반석현 위원회는 신빈 일대에서 강고한 세력을 이루고 완강히 일제와 투쟁하고 있던 조선혁명군과 국민부에 공작원을 파견하여 병사들을 중심으로 한 연대공작을 추진하라고 동북인민혁명군 제1군에 지시했다.

따라서 양 무장세력의 연대 가능성은 충분히 있었다고 할 수 있다. 더구나 중국공산당 만주성위원회는 1936년 겨울에 조선혁명군의 제1사 한검추(본명 최석용) 부대를 남만주 유격운동에서 가장 명망있는 부대라고 평가하기도 했다. 이리하여 1934년 4월 중순에는 김활석이 거느린 부대와 동북인민혁명군 제1군 군장 양징위가 거느리는 한 부대가 협공하여 적을 격퇴하는 성과를 거두기도 했다. 이후 조선혁명군은 1935년에 왕펑거의 항일부대와 연합하여 '중한항일동맹회'를 세우고 공동투쟁하였으며, 1938년 초반까지 중국공산당 계열의 동북항일연군과도 공동투쟁하며 일제를 타격하였다. 이 시기 조선혁명군의 활동에서 주목되는 부분은 한인농민 중 극빈자들에게 금전이나 곡식을 주어 구제하는 등 일종의 활빈活貧사업을 전개하였다는 사실이다. 이는 민중의 지지를 얻기 위한 전술이라 할 수 있지만, 조선혁명군의 대원 대부분이 궁핍한 농민 등 하층계급으로 구성되어 있었던 사정과 무관치 않은 것이었다.

조선혁명군의 지휘관과 전사들은 양세봉의 항일투쟁 유지를 계승하여 항일무장투쟁, 나아가 독립전쟁을 중단하지 않았으며, 1938년 말 60여 명의 대원들이 중국공산당이 이끄는 동북항일연군에 합류하여 끝까지 항일무장투쟁을 지속하였다.

후에 남만주의 동변도 지역에서는 양세봉을 칭송하는 노래가 유행했는데, 지금까지도 전해지고 있다. 그 가사 내용은 다음과 같다.

항일 공신 양세봉
백두산은 은빛마냥 새하얗고
산밑에 무성한 산림이 우거졌도다
청송은 일년 사시절 푸르고
양세봉은 영원히 항일공신이라네.

김화순 할머니 이야기

양씨 집안의 장남인 양세봉이 조선혁명군 사령관으로 활동하는 동안 양씨 형제와 집안은 온통 독립운동에 투신하며 큰 어려움과 고초를 겪어야 했다. 특히 양세봉의 제수인 김화순 할머니 이야기를 간단히 해보기로 한다. 다음은 양장군의 조카인 양의순(첫째 동생 양시봉의 딸)의 외손녀 김춘련 교수가 쓴 글의 일부이다.

1920~1930년대에 남만주 지방을 주름잡으며 반일투쟁을 벌여 국내외에 이름을 떨친 조선혁명군 총사령 양세봉 장군의 이름은 온 세상에 널리 알려져 있다. 그러나 양씨네 한 가족을 이끌어 온 김화순(양세봉의 셋째 제수) 여사에 대해서는 별로 아는 사람이 많지 않다.

예로부터 성공한 남자의 뒤에는 현숙한 아내의 내조가 뒤따른다고 했지만, 아내가 아닌 제수로서 김화순의 헌신을 무엇으로 귀결해야 할까?

일전 필자는 87살 고령의 김화순 할머니를 만나는 기회를 가졌다.

작고 깡마른 체구인데다 활등처럼 휘어버린 허리와 쪼글쪼글 주름잡힌 얼굴을 감싸고 있는 흰 백발, 그리고 투박한 두 손은 첫눈에도 산전수전을 다 겪어오신 분임을 어렵지 않게 알 수 있었다.

지금 함께 생활하고 있는 셋째 아들 양의두梁義斗 내외의 소개에 따르면, 김화순 할머니는 근년에 들어 몸이 허약해지면서 기억력이 쇠퇴되어 많은 일들을 잊어가고 있고, 또 같은 말을 되풀이 하기가 일쑤다.

일찍 청원현淸原縣 소산성자에서 근 30년을 살다가 일제의 소탕을 피해 신빈, 청원을 전전, 후에 청원현 북삼가촌에 정착하여 해방을 맞고 40년간을 생활, 지난 1995년 백년불우의 홍수때 폐농하고, 10월에 심양시 우홍구 대흥향 흥성촌에 있는 맏딸이 모셔와 지금까지 흥성촌에서 살고 있다.

말끝마다 "시방(지금)이 제일 평안한 게라"를 앞세우는 그의 말에서 지난 세월의 무상함에 대한 감회가 얼마나 깊은가를 느낄 수 있었다.

1910년 한 가난한 농가에서 태어나 일찍 양친 부모를 여의고, 13살 때에 양씨 가문의 셋째 며느리로 시집 온 그녀는 그때부터 식솔이 13명이나 되는 대가정의 가무家務를 도맡다시피 해야 했다. 그때 큰 시형인 양세봉은 이미 독립군에 참가했고, 맏동서인 양세봉의 부인(윤재순: 저자주)은 신체가 허약했다. 다행히 어려서부터 할머니의 슬하에서 가무일을 익혀온 그는 일손이 맵기로 동네에서도 첫손에 꼽혔다. 하여 가정 내의 물 긷고 땔나무 패는 일은 물론 독립군들이 두고 간 해진 양말 무더기를 씻고 깁는 일, 독립군이 노획한 총을 감추어두고 부상자들을 피신시키는 일은 모두 그의 몫이었다.

"그때 생활은 생각만 해도 지긋지긋하다"며 그는 시집와서부터 일본놈, 한간漢奸, 마적떼들의 시달림에 하루도 편할 새가 없었다고 회고했다. 놈들이 온다는 소식만 닿으면 한밤중에라도 뛰쳐 일어나 산속으로 피신해야 했고, 숱한 아이들을 건사해야 했다. 지방의 마적떼들은 전문 양씨네 가문의 사내애들만 잡아 인질로 삼았는데, 목적은 식량을 빼앗자는 것이었다.

그의 머릿속에 아직도 생생하게 살아있는 기억은 22살 나던 해인 1931년, 일본놈들이 독립군 가족들, 특히 양씨네 가문을 멸족하라는 지시를 받고 김씨 성으로 고쳐 신빈현에서 청원현 소산성에 이사온 후 얼마 안되어서의 일이다.

수리날(단오), 양세봉의 12살 나는 맏 딸의 성화에 못이겨 자기 아이를 업고 그네터에 구경 갔다가 일본놈들의 비행기가 들이닥쳤던 것이다.

폭격에 무수한 생명들과 함께 양세봉의 딸은 즉사했고 그녀도 피못에 쓰러졌다. 왼쪽 발목이 골절되고 두다리에 수많은 파편조각들이 박혔다. 수개월 동안 병상에 누워 생사박투生死搏鬪하던 기억을 떠올리면 지금도 치가 떨린다고 했다. 그때 입은 상처가 지금도 흐린 날이면 아파나는데, 파편이 박혀있는 곳이 더욱 쏜다고 한다.

몸이 회복된 후에도 집 안팎일은 여전히 그녀가 도맡았다. 간혹 양세봉 장군이 독립용사들을 이끌고 집에 들리면 새밥도 해주고 또 돼지도 잡아 따뜻이 대접하여 칭찬이 자자했다. 한번은 설이 되어 귀가하게 될 독립군들을 맞기 위해 많은 양의 두부를 앗고 있는데, 왜놈들이 닥친다는 급보가 전해져 산속으로 대피했다. 이튿날 돌아와보니 두부는 물론 가장家藏

집물(什物)들이 성한 것 없이 절단이 나
버렸었다. 그래도 그녀는 말없이 난장
판을 수습하고 다시 두부를 앗기 시작
했다. 이렇게 일을 너무 걸싸게(하는 일
이나 동작이 매우 날쌔게: 저자주) 해제끼
어 독립군 대원들과 동네에서는 '치마
두른 남자'라고 칭찬이 대단했다.

마음씨도 곱고 도량도 넓어 세 동서
와 함께 10년간을 한집에서 생활했지
만, 서로 의가 상한 일이 없었다. 큰시
형 양세봉은 민족의 사유와 독립을 위
해 동분서주했고, 넷째 시동생 양정봉

김화순 할머니   뒤에 양세봉, 양시봉, 양정봉
3형제 사진이 걸려 있다(류은규, 1994년 촬영).

梁貞鳳은 결혼 후 심양 문회고중文淮高中
에서 공부하다가, 1933년 일본 동경대학 유학을 떠났다. 남편없이 지내
는 두 여인을 생각해 무슨 일이나 그녀가 나서서 도맡아 했고, 간혹 불쾌
한 일이 있더라도 넓은 도량과 인내로서 가정의 화목을 지켜나갔다. 둘째
시형은 집에 있었지만, 도움은커녕 술을 즐겨 그녀에게서 술돈을 자주 타
내갔다고 한다.

이렇게 그녀는 여인으로서, 며느리로서, 양씨네 가문의 기둥 역할을 해왔
고 모름지기 양세봉 장군의 독립투쟁과 양정봉(후에 교육계 유명한 학자로
성장)의 공부에 진정한 내조자의 역을 담당해온 셈이었다.

시형인 양세봉 장군의 독립투쟁을 뒷바라지 하느라 해방 전 시기를 하루

도 편하게 지내지 못했고, 시동생인 양정봉 학자의 일본유학이 빌미가 되어 '문화대혁명' 시기마저 죽을 고생을 하며 경과해왔던 김화순 할머니는 목숨이 천명이어서 오늘까지 살아 남아 평생의 제일 편안한 나날을 살아 본다고 허심탄회했다.

– 김춘련·차경순, 「양세봉 장군의 제수 김화순 할머니」, 『今日遼寧』, 1998

양세봉과 조선혁명군
독립전쟁의 의미

양세봉이 1932년 초부터 1934년 9월 전사할 때까지 사령관을 맡아 이끌었던 조선혁명군은 초기에 국민부 산하의 무장조직으로 창건되었으나, 그 뒤에 조선혁명당 산하의 혁명군으로 활약하였으며 1934년 말에는 국민부의 기능을 통합흡수한 조선혁명군정부로 그 기능이 확대·강화되었다. 조선혁명군은 만주사변 직후에는 중국의 구동북군벌계의 항일의용군과 연합하여 일본 군경과 만주국 관헌에 항거하였다. 또 1930년대 중반에는 중국 민중 스스로 조직하여 봉기한 항일의용군 및 중국공산당 계열의 유격대와 연대하여 공동투쟁하였다. 조선혁명군은 이러한 연합의 방식을 취함으로써 1938년 해체될 때까지 거의 10여 년을 지극히 어려운 조건에서 끈질기게 생존하며 만주 지역 최후의 독립군으로서 줄기찬 항쟁을 전개할 수 있었다.

조선혁명군은 초기에 내부적 대립과 갈등은 있었지만 줄곧 조국의 독

중국 요녕성 신빈현 조선족소학교(과거 화흥학교) 구내에 위치했을 당시 양세봉의 석상

립을 주요 목표로 세우고 폭넓은 민족주의 이념에 입각하여 투쟁한 독립군이었다. 조선혁명군은 중국의용군 및 중국공산당군과 합작하여 투쟁하여 많은 전과를 거둘 수 있었다. 하지만 이러한 현상은 독자적 무력의 취약성을 드러낸 것이라고 할 수도 있다. 조선혁명군이 남만주 동변도 일대에서 장기간 투쟁할 수 있었던 까닭은 민중의 적극적 지지와 참여를 이끌어냈던 데 있다. 그러한 사실은 조선혁명군이 이들 위에 군림했던 것이 아니라, 활빈사업을 전개하고 철저히 한인 교민들의 이익을 대변하며 그들을 보호하는 등 대중적 기초를 군건히 하려는 방침을 유지했기 때문이다.

양세봉이 영도한 조선혁명군은 20세기 전반기 대일항쟁기를 대표할 수 있는 자랑스러운 독립군 조직이었다. 이 부대가 영도한 남만주 한인들의 독립운동, 나아가 재만한인들의 한중연합 투쟁은 한국독립운동을 크게 고무하였으며, 적지 않은 남만 지역 중국인 대중을 각성시켰고, 이에 따라 중국 동북 지역의 항일투쟁을 고양시켰다.

1929년 말부터 1938년까지 거의 10여 년 간 독자적 조직을 유지하며 치열하게 독립전쟁을 주도한 독립운동 및 항일전쟁 참가 세력은 조선혁명군밖에 없었다.

비록 조선혁명군의 투쟁은 1930년대 종반 끝나고 말았지만, 이 한인 독립군 부대의 활동은 중요한 역사적 의의를 남겼다. 즉 중국 동북 지역에서 중국의용군 및 동북항일연군과 공동투쟁함으로써 한·중 양 민족의 유대를 강화하고 일본제국주의의 침략을 타격함으로써 일제의 전면적 중국 침략과 동변도 지역의 수탈을 상당 기간 저지했을 뿐만 아니라, 자신의 생존을 가능케 했고 또한 투쟁 역량을 강화할 수 있었던 것이다. 그리고 이들에 의해 전개된 상당한 비중의 반봉건(계급)투쟁과 활빈활동, 수많은 국내 진입작전은 일제의 식민지 통치를 뒤흔들고 한반도 북부지방 민중들의 항일투쟁 의지를 고양시켰으며, 민족해방에 대한 전망을 어느 정도 가능케 했다.

소작농 장군 양세봉,
'군신'으로 추앙받다

한 개인의 역할이 뛰어나다 해도 그는 자신이 속한 사회와 민족, 국가가 처한 사회적·역사적 조건을 떠나서 존재할 수 없다. 그러므로 개인은 어디까지나 사회적 인격체로서 존재하는 것이 사실이다. 이러한 시각에서 볼 때 양세봉은 서민적 자질과 행동으로 많은 민중들의 지지를 받았고, 이를 토대로 1930년대 전반기에 헌신적으로 조선혁명군을 영도함으로써 한 개인의 존재를 뛰어넘어 우리 민족이 당면한 반제·반봉건의 과제를 실현하는 데 크게 기여했다고 할 수 있다. 그런 점에서 그는 높이 평가되어 마땅하다.

　1931년 9월 일본제국주의 세력이 중국 동북지방을 침략한 만주사변이 일어난 뒤 한·중 양 민족의 연대투쟁을 앞장서서 실천했다는 측면에서 양세봉은 높이 평가되고 있다. 실제로 조선혁명군을 비롯한 독립군 부대와 중국인 의용군과의 공동투쟁 덕분에 우리민족이 '제2의 일본인'

이라는 오명을 벗고 중국인의 압박을 피할 수 있었다는 중국 동북 거주 현지 동포들의 증언은 이를 뒷받침한다. 양세봉은 그를 따르는 독립군 장병과 동포들에게 '군신軍神'이라고 불릴 정도로 유능한 사령관 및 철저한 동포의 보호자로서 신망을 얻었다.

조선혁명군 중대장을 지낸 계기화桂基華는 후일 양세봉에 대해 다음과 같이 회고하였다.

> 불세출의 백전백승의 군신으로서… 그 침착하고 굳센 결단성과 인자하고 자상하신 부모같으신 성품, 아무리 성날 일 저질렀어도 부하에게 욕하는 일이 없으시고, 큰일을 저지른 자는 꼭 자기 곁에 있게 하여 다른 상급자가 구타하지 못하게 하였으며, 때때로 부하에게는 궐련卷煙(얇은 종이로 만 담배)을 사주면서도 자신은 엽초葉草를 주머니에 넣고 다니면서 중국인 촌부村夫처럼 곰방대로 잠 안올 때 심심파적으로 피우는 것이지 (담배) 맛이 무슨 맛이냐며, 중국인으로 변장하고 다닐 때에 변장술의 일종이었으며 … 주초酒草(술·담배)는 즐기시지 않는 편이었음.

이렇게 양세봉 장군은 부하들은 물론 한인 교민 등 민중들에게 절대적 신임과 존경을 받았다. 중국 요녕성 환인현에 있던 그의 묘는 북한 당국의 주선으로 1986년 9월 평양에 있는 애국열사릉에 이장되었다. 한편 1990년에는 중국인(만주족) 차오원치曹文奇가 심양에서 『압록강변의 항일명장 양세봉』이라는 전기를 출판했다. 이는 매우 이례적인 일인데, 결국 양세봉이 중국인은 물론 중국 조선족 동포사회, 남·북한 등 여러 곳에서 존경받는 인물이라는 사실을 나타낸다고 하겠다.

양세봉과 조선혁명군의 투쟁을 확대해석하면 일제의 침략에 시달리던 동아시아 피압박 민족의 반제국주의 연합투쟁의 한 사례가 될 수 있으며, 동시에 제2차 세계대전의 폭발을 전후하여 격화되던 세계 피압박 민족 반파시즘 투쟁의 한 부분을 이루었다고 평가할 수 있다. 또 조선혁명군에서 활동하던 일부 인사들이 중국 관내 지역으로 이동했기 때문에 관내 지역 한인 독립운동의 발전에 일부분 기여를 한 점도 중요한 부분이다.

양세봉과 조선혁명군 등 재만한인들의 투쟁은 다수의 남만 지역 중국인 대중에게 큰 자극이 되었고, 이에 따라 중국 동북 지역의 항일투쟁을 적지 않게 고양시켰다. 또한 이 시기 조선혁명군 등 재만한인들의 중국의용군 및 중국공산당계 유격대와의 연대투쟁은 일제 침략 세력에 큰 타격을 주었다고 할 수 있다. 일본의 중국 관내 지역 침략, 즉 중일전쟁을 실질적으로 견제하는 효과를 거두었던 것이다. 또한 해방 직후 중국공산당이 중국국민당을 물리치고 중국 동북 지역을 장악하는 데 유리한 여건을 제공했으며, 멀리 보면 현재의 '연변조선족자치주'를 가능케 한 밑바탕이 되었다고 할 수 있다.

항일무장투쟁은 일제 침략세력에 대해 직접 무기를 들고 항쟁하는 것일 뿐만 아니라, 광범한 대중의 참여와 지지기반의 구축, 이를 바탕으로 한 고도의 정치행위와 정치운동이 수반되는 다양한 성격도 갖고 있다. 따라서 양세봉과 조선혁명군의 투쟁은 총체적 민중운동의 성격과 특징을 갖는 것으로 간주될 수 있을 것이다.

1896	6월 5일(양력 7. 15, 일부 자료에는 1894. 6. 11) 평안북도 철산군 세리면에서 모친 김아계金阿桂의 장남으로 출생. 본명은 서봉瑞鳳, 후일 호는 벽해碧海, 이명으로 세봉世奉·世鳳 등이 있음
1905	서당에서 천자문, 『명심보감明心寶鑑』 등 한문 공부
1912	부친 별세
1916	윤재순尹再順과 결혼
1917	겨울 모친 등 가족과 함께 중국 요녕성 흥경현興京縣(1929년 신빈현으로 개칭) 영릉으로 이사, 소작에 종사
1919	봄 신빈현 홍묘자紅廟子로 이사했다가 다시 금구자촌金溝子村으로 이사 4월 홍묘자 한인 3·1운동에 참가
1922	여름 독립단 대장 정창하鄭昌夏 휘하의 지방공작원이 되어 식량 공급 등의 일을 담당함 초겨울 최시흥崔時興이 이끄는 천마산대 독립군에 참가, 평안북도 창성군 대유동大楡洞 경찰서를 습격 소각하고, 미국인이 경영하는 금광 사무소와 조선총독부의 영림창을 기습. 군수물자와 금괴 등을 노획하는 등 평안북도와 남만주 일대에서 활약
1923	봄 일본군의 독립군 '토벌'이 심화됨에 따라 천마산대와 함께 남만주(서간도) 유하현柳河縣으로 이동하여 광복군총영에 합류함. 천마산대는 광복군 철마별영鐵馬別營 독립군으로 개편됨

같은 해 광복군총영 검사관, 참의부 소대장에 임명됨

1924　6월 8일 참의부 소대를 이끌고 평안북도 강계·위원군에 잠입, 일본
　　　경찰과 교전

　　　후반기 참의부 제3중대장이 되어 남만주 화전현 일대 한인 교포의
　　　보호와 항일투쟁, 친일파(부일배) 숙청에 종사

1925　7월 남만주 독립운동 및 교민자치단체 정의부正義府 의용군(독립군)
　　　제5중대 제1소대장을 맡음

　　　11월 길림성 무송현撫松縣에서 활동하며 다물청년당에 가입

1926　1월 24일 정의부 의용군 제2중대장으로 군민대표회 대표로 활약

　　　연 말 정의부 의용군 제1중대 제1소대장

　　　11월 정의부 의용군 제1중대장

1927　3월 정의부 의용군 제4중대장으로 전보

　　　정의부 의용군 제4중대장(대원 20명), 군인 1인당 연 400원 신수薪水
　　　(봉급), 사무비 1,900원

　　　4월 15~18일 길림성 길림현 신안둔의 길흥학교에서 민족유일당 건
　　　립을 위한 전만全滿 독립운동 단체 통일회의에 정의부 군대 대표로
　　　참석

　　　7월 1일 정의부 발간 『전우戰友』 3호의 배포처(본사 사우 방명芳名)에
　　　흥경현 거주자 이름으로 명기됨

1928　5월 12일 정의부 대표의 한 사람으로 길림성 반석현磐石縣에서 열린
　　　제3차 전민족유일당 조직회의에 참가

　　　9월 만주 길림吉林 근처 신안둔에서 열린 정의부·참의부·신민부 대
　　　표들이 모인 3부 회의에 참가, 3부 통합과 화해 조정에 노력

　　　같은 해 말 장녀 의숙義淑 출생

1929　봄 친일단체 선민부鮮民府 토벌지휘부가 조직되었는데, 부대장으로

임명(총대장은 이웅)

5월 28일 3부 통일운동이 결렬된 뒤 남만주 일대를 세력기반으로 결성된 국민부의 제3중대장(일부 자료에는 제5대장)에 임명

5월 조선혁명군 제3대장 명의로 국내외에 경고문警告文을 발표

10월 통화通化에서 조직된 일제 주구단체 선민부를 습격하여 일본 순사 등을 사살하여 파괴함

12월 국민부와 조선혁명당 소속 무장부대로서 조선혁명군이 편성될 때 부사령의 직책을 맡음. 총사령은 이진탁李辰卓

1930   8월 조선혁명군 편제가 개편되면서 다시 제2중대장 직책을 맡음. 이 무렵 이종락 중대 산하에 김일성이 참사參士로 있었음

1931   11월 신빈현 왕청문의 실력자 왕퉁쉬안王彤軒과 연합하여 요녕농민 자위단을 조직. 조선혁명당 중앙집행위원으로 선출됨

1932   1월 조선혁명군 총사령에 취임. 사령부 소재지는 신빈현 왕청문. 참 모장 김학규, 부대규모는 5개 사師. 정의부에서 세운 화흥중학을 조선혁명군 관할로 하고, 통화현 강전자에 속성군관학교를 설립함. 양세봉이 명예교장이 되고, 교장은 양하산梁何山(본명 양기하梁基瑕)이 취임. 군관학교는 전성기 재학생이 700여 명이었으나, 1933년 가을 일본군 전투기의 폭격으로 소실, 폐쇄됨

2월 조선혁명군 대원 이선룡李先龍을 국내 특파 특공대원으로 선발, 모젤권 총 1정과 탄환 150발, 자금 120원을 지급하여 군자금을 모집토록 함

3월 11일 왕퉁쉬안의 요녕농민자위단과 함께 신빈현성을 공격·점령.

3월 30일 조선혁명군 특공대원 이선룡이 경기도 장호원의 동일東一 은행 지점을 습격하여 1만 2,000여 원의 군자금을 빼앗음

3월 31~4월 4일 이선룡, 경기도·충청북도·강원도 접경지 장호원·
충주·원주 일대에서 1,000여 명의 조선총독부 경찰과 총격전 전개
4월 29일 중국인 탕쥐우唐聚五가 거느리는 요녕민중자위군과 함께
선서대회를 개최하고, 합작조약을 체결, 연합항전키로 함
4월 리춘룬李春潤이 사령관으로 있는 요녕민중자위군 제6로군과 연
합, 조선혁명군 산하 조화선 부대를 동 제6로군 특무대로 편성함
5월 3일 조화선이 특무대를 거느리고 신개령新開嶺에서 일본군·만주
국군 저지
5월 5일 조화선과 리춘룬 부대가 노성老城에서 일본군과 만주국군을
저지
5월 18일 장남 의준義俊 출생
5월 초 요녕민중자위군 리춘룬, 왕퉁쉬안 부대와 함께 신빈현 영릉
가로 진격, 치열한 접전 끝에 만주국군 80여 명을 살상하고 시가를
점령함
6월 흥경현성이 함락됨. 리춘룬 부대가 왕청문으로 퇴각한 후 양세
봉의 협조로 왕청문 일대 한인들을 동원하여 자위군의 물자를 보충.
6월 23일 왕청문에서 리춘룬은 부대를 재정비한 후 신빈현으로 돌
아가 역습. 양세봉의 조선혁명군 부대는 이도하자에서 성 안으로 돌
격해 들어가 적과 격렬한 전투를 벌임. 적은 비행기 엄호 아래 맹렬
히 포화를 퍼부었지만, 결국 청원으로 도주. 30여 대의 차량과 약간
의 총·포를 노획하고 적군 21명을 사살함
8월 통화通化 보위전의 승리로 요녕민중자위군 총사령부가 환인현
에서 통화현으로 옮김. 탕쥐우 총사령관은 자위군을 개편하여 양세
봉을 특무대 사령관에 임명하고 산하에 8개 특무대를 설치, 중국 동
북 3성과 한인들의 특수 사업을 책임지게 함

항일구국회 선전부에서는 한인 선전과를 증설하여 한글 신문 『합작』과 각종 만화·표어·전단 등을 발행하고, 시가지에 벽보를 붙임

중반~10월 조선혁명군을 요녕민중자위군 특무대와 선전대대로 편성하고 자신은 특무대 사령, 김광옥金光玉은 선전대대장이 됨. 특무대는 5개 영으로 편제되었고, 10월까지 조선혁명군은 요녕민중자위군과 함께 신빈현공방전등 거의 200여 차례의 전투를 치르며 수많은 일본군과 만주국 군경, 관헌을 무찌름

8월 '군기 21조'를 발표, 독립운동, 교민 자치운동 등 민족운동 참가자들의 일반 교민, 중국인들에 대한 민폐를 엄금함

여름 조선혁명군사령부를 통화 시내에 설치. 김일성이 한인 청년 수십 명을 데리고 찾아와 같이 싸우자고 제의했으나, 그냥 돌려보냄

9월 부하 1,000여 명을 기느리고 자위군·대도회와 연계하여 청원현성을 공격. 왕퉁쉬안과 함께 부대를 인솔하여 일제침략의 통로인 철도 교량 11개를 불태우고, 심해瀋海철로 수 킬로미터를 파괴함

9월 15일 조선혁명군 일부가 요녕민중자위군 제1로군 양희부梁希夫 부대와 연합하여 일본군이 점령한 탄광 도시 무순撫順을 습격함

12월 산하 일부 부대에 한족과 만주족 출신 병사들을 편입시킴

한 해 동안 조선혁명군이 국내로 진입하여 일본 군경을 습격한 횟수는 16차례에 100여 명에 달함

1933 1월 요녕민중자위군 탕쥐우 부대가 붕괴함에 따라 조선혁명군 부대명을 회복하고, 부사령에 박대호朴大浩를 임명. 동시에 부대를 3개 방면군으로 개편. 조선혁명당 총령은 고이허高而虛(본명 최용성崔容成), 국민부 위원장은 김동산金東山(본명 김진방金鎭邦)

2월 초 변낙규 등 20여 명의 소부대를 평안도 일대에 파견, 군자금을 모집하는 한편, 일본 군경과 싸우도록 함

4월 조선혁명군의 활동무대를 집안·임강현 등 압록강 일대의 한·중 국경지대로 옮겨 유격전과 국내 진입활동을 전개하기로 결정함

5월 서원준徐元俊을 '국내 유격대장'의 직책으로 황해도에 밀파하여 사리원 경찰서 등을 습격케 함. 서원준은 황해도 순사부장 도미다富田五吉郎를 사살하는 등 큰 활약을 하여 조선총독부에 큰 충격을 줌

7월 적의 '토벌' 공세를 분쇄하기 위해 조선혁명군 각 부대에 중국 각지의 의용군과 연합작전을 해야 한다고 명령을 내림. 한검추 부대와 요녕민중자위군제19로군 사령관 왕펑거와 함께 통화현 칠도구 일대에 항일기지를 구축하고, 덩톄메이鄧鐵梅 의용군 부대와 압록강 철교를 폭파하기로 함.

9월 5일 중국항일군과 함께 신빈현성을 공격했으나, 탈환에 실패

10차에 걸쳐 140여 명의 조선혁명군 대원들이 국내진입작전을 전개함

1934   3월 조선혁명군 간부회의를 소집, 항일투쟁의 기지를 건립하고 다른 항일투쟁 세력과 연계를 강화하기로 결정

봄 조선혁명군을 3개 사, 7개 중대로 개편함

5월 참모장 김학규를 북경北京에 밀파하여 중국 관내로 철수한 탕쥐우와 연락하는 한편, 장제스蔣介石의 국민정부에 지원을 요청함

6월 조선혁명군 제2사 일부를 거느리고 신빈현 진주령珍珠嶺에서 일본 수비대와 교전하여 군용차 한 대를 격파하고, 일본군 20여 명을 사살함

7월 남만주 통화현 쾌대무자에서 일본군·만주국군 연합군 60여 명 섬멸

후반기 중국공산당 계열의 양징위楊靖宇가 이끄는 동북인민혁명군 제1군 독립사와 연계, 공동투쟁할 것을 협의

9월 18일 밤 남만주 환인현 소황구에서 일제 주구배의 총격을 받고,
9월 20일 향년 39세로 별세
9월 25일 조선혁명군 장병들이 그의 시신을 김도선 집으로 모셔다
가 5일 동안 애도한 뒤 고구려 흑구산성 기슭에 안장함

1946   처 윤재순과 아들 양의준 등 북한 당국의 주선으로 평양에 이주
1957   큰아들 의준이 북한 인민군 조종사로 활동 중 사고사. 혁명열사로
        선정됨
1961   가족들이 유해를 북한의 평양 근교에 안장함
1962   대한민국 정부에서 건국훈장 독립장 추서
1974   서울 국립묘지(현재 국립현충원)에 묘소(가묘)가 만들어짐
1986   9월 17일 북한 평양 신미리 애국열사릉에 묘비와 묘가 안치됨

자료

- 『동아일보』, 『조선일보』, 『신한민보』, 『매일신보』.
- 「1929년 11월 26일, 국민부 제1회 중앙의회의 전말에 관한 건」(일본 야마구치현 소장 林家문서, 일문).
- 「1931년 5월말조(調) 국민부의 상황」(위와 같음).
- 「1931년 7월 3일, 조선혁명당의 강령규약 입수에 관한 건」(위와 같음).
- 「1937년 6월 19일, 조선혁명군의 상황에 관한 건」(위와 같음).
- 「국외 조선인 불온단체 분포도(1934. 12)」, 황필홍(단국대 교수) 소장.
- 「민족유일당조직동맹의 위원회의에 관한 건」(1929), 일본 야마구치현 문서관 소장(일문).
- 「昭和5年 吉林地方朝鮮人事情に關する件」, 일본 외무성·육해군성문서 (국회도서관 소장 복사제책본 제2,299권).
- 「昭和8年 滿洲に於ける不逞鮮人の動靜」, 『外務省警察史, 在滿大使館 (第1)』, 국회도서관 소장 일본 외무성문서 제책본, 제2270권.
- 「재만 불령선인단체 통일회의 개최에 관한 건」(1927), 고려대 아세아문제연구소 소장 마이크로 필름(일문).
- 「조선혁명선언서 및 조선공산당 총규장 역문 송부의 건」(1927), 고려대 아세아문제연구소 소장 마이크로필름(일문).

논저

• 『중국조선민족발자취총서』 편집위원회 편, 『불씨』(중국조선민족발자취총서 2), 민족출판사, 1995.

• 계기화, 「3부·국민부·조선혁명군의 독립운동 회고」, 『한국독립운동사연구』 제1집, 독립기념관 한국독립운동사연구소, 1987.

• 金學奎, 「三十年來韓國革命運動在中國東北」, 『光復』 제1권 4기(1941년 6월).

• 길림성공안청 공안사연구실·東北淪涵14年史 길림편사조 편역, 『滿洲國警察史』(중문), 長春(내부자료), 1990.

• 김양 주편, 『항일투쟁 반세기』, 료녕민족출판사, 2001.

• 김영범, 『한국 근대민족운동과 의열단』, 창작과비평사, 1997.

• 김준엽·김창순, 『한국공산주의운동사』 4, 청계연구소, 1986.

• 김춘련·차경순, 「양세봉장군의 제수 김화순 할머니」, 『今日遼寧』신문(1998. 5. 28).

• 김형민, 「남과 북 모두의 총사령, 양세봉」, 『한국사를 지켜라』 1, 푸른역사, 2016.

• 독립기념관, 『독립기념관 전시품 도록』, 1995.

• 독립운동사편찬위원회 엮음, 『독립운동사자료집』 제10집(독립군전투사 자료집), 고려서림, 1984.

• 鄧來法·賈英豪 主編, 『楊靖宇紀念文集』, 北京: 中央文獻出版社, 2005.

• 라영순, 「량세봉사령」, 『조선족백년사화』 제1집, 현룡순·리정문·허룡구 편저, 료녕인민출판사, 1982.

• 량철수, 「삶의 토양」, 『계승』, 금성청년출판사, 2007.

• 류연산, 『혈연의 강들』 상, 연변인민출판사, 1999.

• 만주국 군정부 고문부, 『만주공산비의 연구』 제1집(일문), 新京: 1937; 도쿄: 극동연구소 출판회(1969년 영인).

- 滿鐵 調查課,「朝鮮獨立革命黨とは何か」,『滿鐵調查月報』1934년 3월호.
- 梶村秀樹·姜德相 編,『現代史資料』29(朝鮮 5), みすず書房, 1972.
- 박도,『허형식 장군 – 만주 제일의 항일 파르티잔』, 눈빛출판사, 2016.
- 朴文浩·姜元三,「梁瑞鳳」,『中國朝鮮族人物傳』, 延吉: 延邊人民出版社, 1990.
- 박윤걸,「영릉가전투와 량사령」,『봉화』, 민족출판사, 1989.
- 박환,「정의부 기관지《戰友》의 간행과 내용」,『한국민족운동사연구』83집, 2015.
- 박환,『만주지역 한인민족운동의 재발견』, 국학자료원, 2014.
- 사회문제자료연구회 편,『思想情勢視察報告集』3, 東洋文化社, 1976.
- 三江省公署警務廳 特務科,『滿洲及支那に於ける地下秘密團體に就いて』, 哈爾濱, 1936.
- 尙振生,「중국 寬甸에서의 한국독립운동 지도자의 항일활동」,『(중산 정덕기 박사화갑기념 한국사학논총) 한국사의 이해』, 경인문화사, 1996.
- 新賓滿族自治縣 朝鮮族經濟文化交流協會·新賓滿族自治縣史志辦公室 編,『新賓朝鮮族抗日鬪爭史略』, 新賓(내부자료), 1995.
- 新賓滿族自治縣民委朝鮮族志編纂組 編,『新賓朝鮮族志』, 요녕민족출판사, 1994.
- 신주백,『만주지역 한인의 민족운동사(1920~45)』, 아세아문화사, 1999.
- 애국동지원호회(문일민),『한국독립운동사』, 1956.
- 양호민,『사회민주주의』, 종로서적, 1985.
- 왕건,「조선혁명군 총사령 량세봉」,『봉화』(중국조선민족발자취총서3), 민족출판사, 1989.
- 윤병석,「이건승의 서행별곡과 해제」,『중앙사론』제2집, 중앙대학교 사학연구회, 1975.

- 李命英, 『권력의 역사』, 성균관대학교출판부, 1983.
- 이영훈, 「조선혁명군과 張明道」, 『(중산 정덕기박사 화갑기념한국사학논총) 한국사의 이해』, 경인문화사, 1996.
- 일본 외무성 동아국東亞局, 『소화 11년도 집무보고(극비자료)』(일문), 1936.
- 장세윤, 「1930년대 조선혁명군과 중국 항일세력과의 연대투쟁」, 『한국민족운 동사연구』 16집, 1997.
- 장세윤, 「국민부 연구」, 『한국독립운동사연구』 12집, 독립기념관, 1998.
- 장세윤, 「나 죽거든 독립군의 혼령이 되고 – 이청천과 양세봉」, 『인물로 보는 항일무장투쟁사』, 역사비평사, 1995.
- 장세윤, 「양세봉」, 『월간 독립기념관』 1993년 6월호 · 1994년 8월호, 독립기 념관.
- 장세윤, 「양세봉」, 『월간 한국인』 1999년 5월호, 대륙연구소.
- 장세윤, 「재만 조선혁명당의 성립과 주요구성원의 성격」, 『한국독립운동사연 구』 10집, 독립기념관, 1996.
- 장세윤, 「재만 조선혁명당의 조직과 민족해방운동」, 『사림』 제18호, 수선사학 회, 2002.
- 장세윤, 「조선혁명군 연구 – 몇가지 쟁점에 대한 비판적 검토」, 『한국독립운동 사연구』 4집, 독립기념관, 1990.
- 장세윤, 「조선혁명군 총사령 양세봉 연구」, 『조동걸선생 정년기념논총 한국민 족운동사연구』, 나남출판사, 1997.
- 장세윤, 「조선혁명군정부 연구」, 『한국독립운동사연구』 11집, 독립기념관, 1997.
- 장세윤, 「조선혁명군정부 외교부장 김두칠 1주기 제문」, 『한국근현대사연구』 76집, 한국근현대사학회, 2016.
- 장세윤, 『1930년대 만주지역 항일무장투쟁』, 독립기념관, 2009.

- 장세윤, 『재만 조선혁명당의 민족해방운동 연구』, 성균관대학교 박사학위논문, 1997.
- 장세윤, 『중국 동북지역 민족운동과 한국현대사』, 명지사, 2005.
- 전정혁 주필(장세윤 외), 『조선혁명군과 량세봉장군 항일투쟁사론』, 료녕민족출판사, 2013.
- 정원옥, 「양세봉: 조선혁명군 총사령의 연구」, 『국사관논총』 8집, 국사편찬위원회, 1989.
- 조문기(안병호 옮김), 『1930년대 항일무장투쟁사의 큰 봉우리, 조선혁명군 총사령관 양세봉』, 나무와숲, 2007.
- 曹文奇, 『同仇敵愾 – 遼東 · 吉南地區朝鮮族抗日鬪爭史』, 撫順市社會科學院 新賓滿族研究所, 1998.
- 曹文奇, 『鴨綠江邊的抗日名將梁世鳳』, 遼寧 人民出版社, 1990.
- 曹文奇, 『風雨同舟 – 戰遼東: 朝鮮民族與兄弟民族聯合抗戰紀實』, 遼寧民族出版社, 2012.
- 조문기 · 정무, 『항일명장 량세봉』, 민족출판사, 2010.
- 조선총독부 경무국, 『고등경찰보』 5(일문), 경성, 1935.
- 趙中孚, 「淸代東三省北部的開發與漢化」, 『中央研究院 近代史研究所集刊(下册)』 第15期(1986), 中央研究院 近代史研究所.
- 조지훈, 『한국민족운동사』, 나남출판, 1996.
- 중앙일보 현대사연구팀, 「조선혁명군 총사령 양세봉」, 『발굴자료로 쓴 한국현대사』, 중앙일보사, 1996.
- 車明基, 「조국독립운동 차명기 투쟁기」(수기, 독립기념관 소장), 1977.
- 채근식, 『무장독립운동비사』, 대한민국 공보처, 1947(1985년 영인).
- 채영국, 『한민족의 만주 독립운동과 정의부』, 국학자료원, 2000.

- 최범산, 『압록강 아리랑 – 최범산의 항일유적 답사기』, 달과소, 2012.
- 허은, 『아직도 내귀엔 서간도 바람소리가』, 정우사, 1995.
- 戸田郁子, 『中國朝鮮族を生きる – 旧滿洲の記憶』, 東京: 岩波書店, 2011.
- 桓仁縣朝鮮族志編纂小組, 『桓仁縣朝鮮族志』, 1988.
- 황민호, 「1930년대 재만 조선혁명군의 항일무장투쟁과 한·중 연합작전의 동향 – 국내 언론의 보도내용과 경향을 중심으로」, 『한국민족운동사연구』 87집, 한국민족운동사학회, 2016.
- 황민호, 「국내 언론에 나타난 재만 정의부의 對民활동과 항일무장투쟁」, 『한국민족운동사연구』 82집, 한국민족운동사학회, 2015.

남만주 최후의 독립군 사령관 양세봉

1판 1쇄 인쇄 2016년 12월 9일
1판 1쇄 발행 2016년 12월 20일

글쓴이   장세윤
기 획   독립기념관 한국독립운동사연구소
펴낸이   윤주경
펴낸곳   역사공간
          주소: 04034 서울시 마포구 양화로 11길 18 원오빌딩 4층
          전화: 02-725-8806, 070-7825-9900
          팩스: 02-725-8801, 0505-325-8801
          E-mail: jhs8807@hanmail.net
          등록: 2003년 7월 22일 제6-510호

ISBN 979-11-5707-133-3 03900

역사공간이 펴내는 '한국의 독립운동가들'

독립기념관은 독립운동사 대중화를 위해 향후 10년간 100명의 독립운동가를 선정하여, 그들의 삶과 자취를 조명하는 열전을 기획하고 있다.